AF202566

Le Cœur n'est pas un genou
que l'on peut plier

Sabine Panet
et Pauline Penot

Le Cœur n'est pas un genou que l'on peut plier

Worterklärungen
von Laure Boivin

Ernst Klett Sprachen
Stuttgart

1. Auflage   1 ^{11} ^{10} ^{9} ^{8} ^{7} | 2028 27 26 25 24

Autorin der Worterklärungen: Laure Boivin

Redaktion: Anne-Sophie Guirlet-Klotz
Layoutkonzeption: Elmar Feuerbach
Gestaltung und Satz: Satzkasten, Stuttgart
Umschlaggestaltung: Sandra Vrabec
Titelbild: Anne Bordenave, Paris
Druck und Bindung: Digitaldurck Tebben GmbH, Biessenhofen

Printed in Germany
ISBN 978-3-12-592303-4

Table des matières

Liste des abréviations

≠	antonyme de
→	mot de la même famille
abrev	abréviation
angl	anglais
bio	biologie
etw	etwas
expr	médical
f	féminin
fam	familier
fpl	féminin pluriel
iron	ironique
jdm	jemandem
jdn	jemanden
m	masculin
méd	médical
mpl	masculin pluriel
péj	péjoratif
qc	quelque chose
qn	quelqu'un
rel	religieux
tech	technique
vx	vieilli

« Le mariage ne peut être conclu qu'avec le libre et plein consentement des futurs époux. »
Article 16 de la Déclaration Universelle des droits de l'Homme

À Guillaume et Denis, qui ont cuisiné et pouponné avec enthousiasme pendant nos heures d'écriture.

---

1 **conclure** *ici :* schließen – 1 **plein** *ici :* sans limites, sans restrictions – 2 **le consentement** le fait d'être d'accord – 2 **un époux, une épouse** un homme / une femme marié(e) – 4 **pouponner** s'occuper d'un bébé

Prélude

Il était un peu plus de cinq heures quand Agathe et Awa arrivèrent devant les grilles fermées du Panthéon. La nuit s'éclaircissait. Awa s'assit sur le trottoir et déplia ses jambes
5 longilignes. Dans son dos, les majuscules dorées du frontispice proclamaient :
« AUX GRANDS HOMMES : LA PATRIE RECONNAISSANTE ».

– Tu penses à ce que je pense ? gloussa Agathe en se laissant tomber à côté d'elle.
10 La rue Soufflot déserte faisait comme un toboggan vers le Luxembourg, pile dans l'axe du lever de soleil.
– Carrément. Je regarde la bibliothèque Sainte Geneviève et je me dis : plus qu'un an et demi, et on y sera. On sera étudiantes, on aura notre carte, un numéro de place avec un
15 sous-main en cuir dans la salle à l'étage. J'ai vu des photos, c'est énorme. Derrière, c'est la Sorbonne. Et juste là-bas, tu vois, à côté de l'église ? C'est le lycée Henri IV. C'est *H4*.
Fatigue ou découragement, le regard d'Agathe se fit inexpressif sous les coulées de mascara.
20 – Tu viens d'emballer un mec et tu me parles d'aller en bibliothèque ?
Awa haussa les épaules dans son sweat difforme.
– C'était pas terrible. Quand il s'est rapproché, j'ai essayé de me motiver : j'ai ouvert la bouche, j'ai tourné comme il fallait,
25 mais rien.
– Comment ça, rien ?
– J'avais l'impression d'être chez le dentiste.

3 **le Panthéon** *célèbre monument à Paris où sont enterrées de grandes personnalités historiques* – 4 **s'éclaircir** → clair – 5 **longiligne** → long – 5 **un frontispice** la façade principale d'un monument – 7 **la patrie** la nation – 7 **reconnaissant** qui remercie – 8 **glousser** dire en rigolant – 10 **un toboggan** Rutsche – 11 **le Luxembourg** *ici :* le jardin du Luxembourg – 12 **carrément** *fam ici :* auf jeden Fall – 15 **un sous-main** Schreibunterlage – 15 **le cuir** Leder – 20 **emballer qn** *fam ici :* embrasser qn avec la langue – 22 °**hausser les épaules** *fpl* mit den Schultern zucken – 22 **difforme** *ici :* ǂ sexy

– On se fait inviter chez des mecs de dix-huit ans, qui vivent à Paris ; toi tu arrives habillée comme un sac, tu ne bois pas, tu ne danses pas et tu sors avec le plus beau gosse de la soirée. Bon. Ma minuscule compensation à moi, c'est LE moment où
5 on va se retrouver toutes les deux pour en parler, et tu veux que je me contente de ce vieux commentaire tout mou ?

– Ben oui. Note que j'ai peut-être un problème. C'était pareil avec Baptiste. Ça m'avait paru long.

Agathe vida intégralement son cabas sur le trottoir
10 pour mettre la main sur son téléphone, qui vibrait : « Oui maman ? ... Non, on n'est pas couchées... Oui, la mariée était magnifique... On a dansé toute la nuit, il y avait des tam-tam, c'était très gai... C'était une expérience passionnante... Ben, en RER... Bien sûr, je lui dis... A tout.' »

15 – Ma mère te remercie beaucoup de m'avoir donné la chance d'assister à un authentique mariage traditionnel sénégalais.

– Avec des tam-tam.

– Quoi ?

– Non, rien. Tu lui diras qu'on portait des pagnes en peau de
20 bête, aussi, et qu'on tournait autour d'un feu ?

– Non, je reste toujours hyper sobre dans mes descriptions, ça passe mieux. Et toi, tu leur as dit quoi, à tes parents ?

– Que je fêtais l'Ascension avec ta famille. On devait lâcher un Jésus gonflé à l'Hélium sur le parvis de l'église. C'est passé
25 comme une lettre à la poste, ils ne connaissent pas les détails des traditions chrétiennes.

– Tu te fous de moi ?

– Oui. Je leur ai juste dit que je dormais chez toi.

---

3 **un beau gosse** *fam* un beau mec – 4 **minuscule** tout petit – 4 **une compensation** *ici* : Entschädigung – 6 **se contenter de qc** sich mit etw zufriedengeben – 6 **vieux** *ici* : *fam* nul – 6 **tout mou** *ici* : *fam* sans excitation – 9 **intégralement** complètement – 9 **un cabas** un sac – 12 **un tam-tam** un *tambour* africain (Trommel) – 14 **le RER** *abrév de* réseau express régional, le train de banlieue – 14 **à tout'** [tut] *fam* à tout à l'heure – 16 **assister à qc** *ici* : participer à qc – 19 **un pagne** Lendenschurz – 21 **sobre** *ici* : qui ne donne pas trop de détails – 23 **l'Ascension** *f rel* Christi Himmelfahrt – 24 **le parvis d'une église** la place devant une église – 24 **passer comme une lettre à la poste** *expr* se passer sans aucun problème – 27 **se foutre de qn** *fam* se moquer de qn

Elle se leva en bâillant, se prit un coup de cabas furieux dans les mollets, regarda sa montre :

– Si on y va maintenant, on peut avoir le EMIR de 5 h 36.

---

1 **bâiller** gähnen – 2 **le mollet** Wade – 3 **EMIR** *nom d'un RER*

Chapitre 1

« Le mariage, Agnès, n'est pas un badinage ;
À d'austères devoirs le rang de femme engage... »
    Ernestine était perchée sur la mezzanine et lisait en
5 embobinant une natte autour de son index.
« Votre sexe n'est là que pour la dépendance :
Du côté de la barbe est la toute-puissance.
Bien qu'on soit deux moitiés de la société,
Ces deux moitiés pourtant n'ont point d'égalité. »

10 Allongée à plat ventre sur le matelas, son phacochère en
peluche calé contre l'oreiller, elle chuchotait les syllabes.
Arrivée en bas de la page, elle libéra son doigt de la natte toute
tire-bouchonnée, tourna la feuille, et déchiffra :
« ... Et du profond respect où la femme doit être
15 *Pour son mari, son chef, son seigneur et son maître... »*

Les montants de la mezzanine vibraient sous les coups de
pied des petits frères, qui s'arrachaient les manettes d'une
wii. La console tintinnabulait, les jumeaux poussaient des
cris perçants. Le phacochère fut propulsé par un coup de tête
20 donné sous le sommier et atterrit fesses en l'air sur la moquette
en contrebas.

---

2 **un badinage** *vx* un amusement, *ici :* un flirt – 3 **austère** *ici :* sérieux – 3 **engager**
ici : verpflichten – 4 **être perché sur** être assis en hauteur – 4 **une mezzanine**
[mɛdzanin] *ici :* un lit à deux étages – 5 **embobiner** enrouler – 5 **une natte**
Zopf – 5 **l'index** *m* Zeigefinger – 6 **le sexe** *ici :* Geschlecht – 7 **la toute-puissance**
Allmacht – 10 **un phacochère** Warzenschwein – 11 **caler qc** mettre qc dans une
position stable – 11 **chuchoter** dire à voix basse – 13 **tire-bouchonner** enrouler (un
tire-bouchon Korkenzieher) – 13 **déchiffrer** entziffern – 15 **un seigneur** Herr – 16 **un**
montant *ici :* Pfosten – 17 **une manette** un joystick – 18 **tintinnabuler** *ici :* émettre
de la musique, des sons – 18 **un jumeau** Zwilling – 19 **perçant** *ici :* gellend – 20 **un**
sommier *ici :* Lattenrost – 20 **(les) fesses** *fpl* **en l'air** *m* face contre sol – 20 **la moquette**
Teppichboden

Ernestine se boucha les oreilles et articula la suite à voix basse :

« *Lorsqu'il jette sur elle un regard sérieux,*
Son devoir aussitôt est de baisser les yeux,
5 *Et de jamais n'oser le regarder en face*
Que quand d'un doux regard il veut lui faire grâce… »

Elle lisait les répliques des autres et fermait les yeux dès qu'elle arrivait sur une tirade de l'héroïne, son personnage à elle, Agnès.

10 Le livre rebondissait sous les coups. En débouchant ses oreilles pour le caler, Ernestine perçut un bruit suspect en provenance de la cuisine. Ce bruit-là n'était pas *bruyant*, et c'est ce qui le rendait plus inquiétant que le barouf des garçons. Le bruit se rapprocha : c'était un chuchotement qui résonnait
15 de façon désagréable, comme un complot.

La poignée de la porte tourna imperceptiblement.

Ernestine s'embusqua sous la couette, le livre ouvert à la bonne page. La natte qu'elle avait tripotée était restée dressée en forme de point d'interrogation renversé, semblable à un
20 serpent furibard s'échappant de son cuir chevelu. C'est par cette natte, qui dépassait de la couette aplatie sur son corps immobile, qu'elle fut tirée à la lumière.

Deux traîtresses coulèrent sur son visage des regards menaçants. Sa tante brandit un peigne. Sa mère, Aminata,
25 attrapa *L'École des Femmes* entre deux doigts et fronça le nez en fixant la couverture d'un œil mauvais. Elle tenait contre sa

---

1 **se boucher les oreilles** *fpl* se mettre les mains sur les oreilles pour ne plus entendre qn/qc – 5 **oser** wagen – 6 **faire grâce à qn** *vx* jdm Gnade gewähren – 7 **une réplique** Antwort – 8 **une tirade** un monologue – 10 **rebondir** sauter – 13 **le barouf** *fam* Höllenlärm – 14 **résonner** *ici :* se faire entendre – 16 **imperceptiblement** qu'on n'entend presque pas – 17 **s'embusquer** se cacher – 17 **une couette** Bettdecke – 18 **tripoter qc** *ici :* mit etw herumspielen – 19 **renversé** *ici :* dans l'autre sens, la tête en bas – 19 **semblable à** comme – 20 **furibard** *fam* furieux – 20 **le cuir chevelu** les cheveux – 21 **aplatir** → plat (flach) – 23 **un traître, une traîtresse** Verräter – 24 **brandir** montrer – 24 **un peigne** Kamm – 25 **froncer** *ici :* rümpfen

hanche Amayel, un bébé entièrement rond avec deux boucles d'oreilles brillantes et une tétine en forme d'ourson.

– Je t'ai déjà dit d'arrêter de lire tout le temps. À force, ça abîme les yeux, *dê*.

5 Sa tante Dado tempéra :

– C'est bien de lire, mais tu ne dois pas négliger les sciences. C'est la section scientifique qui t'ouvrira toutes les portes. Tu pourrais devenir médecin. Pilote de ligne. Analyste financier. Ingénieure agronome.

10 Puis le regard des deux femmes convergea sur les nattes saucissonnées et elle revinrent à une redoutable position commune : l'urgence de retresser tout ça vite fait. Ernestine, solidement tenue sous les aisselles, atterrit sur la moquette, fut traînée dans la cuisine et collée sur un tabouret.

15 – Tssss…. Regarde-moi ça, se désola Aminata, attrapant une tresse de traviole qui dessinait un arc de cercle au dessus de l'oreille d'Ernestine. Il n'y en pas une qui tienne droit.

Dado commença à dénouer les cheveux d'une main experte, débobinant une à une les nattes en suivant les parcelles
20 géométriques dessinées sur le crâne d'Ernestine. Mèche après mèche, la masse de cheveux crépus se libérait.

D'un large coup de fesses, Aminata bascula le bébé de sa hanche sur la cambrure de son dos, puis l'enserra dans le pagne qu'elle rabattit et noua sous sa poitrine. Elle attrapa le
25 peigne et se mit à tresser.

– Mi-juillet, commença Dado après quelques minutes, sur le ton de la conversation, j'anime une table ronde sur l'intertrigo

---

1 une °**hanche** Hüfte – 1 une **boucle d'oreille** Ohrring – 2 **brillant** glänzend – 2 une **tétine** Schnuller – 5 **tempérer** *ici :* dire la même chose de façon moins radicale – 9 **agronome** spécialiste de l'agriculture – 10 **converger sur qc** *ici :* se diriger vers la même chose – 11 **saucissonné** *fam* qui ressemble à un *saucisson* (luftgetrocknete Salami) – 11 **redoutable** terrible – 12 **retresser (des cheveux)** wieder flechten – 13 **une aisselle** Achselhöhle – 14 **un tabouret** Hocker – 15 **se désoler** jammern – 16 **de traviole** *fam* de travers, ≠ droit – 16 **un arc de cercle** Halbkreis – 18 **dénouer** défaire – 19 **débobiner** défaire – 20 **le crâne** la tête – 20 **une mèche** Strähne – 21 **crépu** kraus – 22 **les fesses** *fpl* Gesäß – 22 **basculer qc** *ici :* faire passer qc – 23 **la cambrure** Hohlkreuz – 24 **nouer** binden – 27 **animer** *ici :* leiten – 27 **l'intertrigo** *m méd* une infection de la peau

au congrès de la société européenne de mycologie à Naples. Je pourrais emmener les filles.

Ernestine, tiraillée entre les quatre mains occupées à discipliner ses cheveux, s'empressa de couper court au projet.

5 – En juillet, ce n'est pas possible. Le prof de français présente notre pièce de théâtre au concours du Conseil Général. C'est moi qui interprète Agnès, le premier rôle féminin. Si on gagne, on jouera le 15 juillet dans un théâtre parisien devant le Ministre de la Jeunesse et des Sports. On aura un prix. On

10 dînera dans un restaurant à Paris. On sera célèbres jusqu'à Aulnay-sous-Bois.

– Je ne sais pas, bougonna Aminata, lâchant une natte pour brancher la bouilloire.

Le bébé roupillait, la tête calée entre ses omoplates.

15 – On verra ce qu'en dira ton père. Mais Awa, *kay*, c'est sûr qu'elle vient au Sénégal avec nous.

Dado, une mèche à moitié nattée immobilisée en traction entre ses doigts, fixa sa belle-sœur d'un œil soupçonneux.

– Tu emmènes Awa au Sénégal *après* son Bac français ?

20 – Oui.

– Avec les garçons ? Ou seulement Awa ?

Aminata s'agita, ouvrit un placard, extirpa une théière, la remplit d'eau bouillante et y plongea les feuilles de kinkeliba. Elle trouva une tasse cassée dans l'évier et se précipita dans la

25 chambre pour houspiller les garçons. La tasse brandie au bout de son bras tendu, elle ressemblait à la statue de la liberté. Quand elle revint dans la cuisine, pestant en pulaar, elle percuta sa belle-sœur, dressée dans l'embrasure de la porte.

---

1 **la mycologie** Pilzkunde – 3 **tirailler** → tirer – 4 **s'empresser de faire qc** faire qc vite – 4 **couper court à qc** stopper qc – 6 **le Conseil Général** oberstes Exekutivorgan eines *département* – 7 **interpréter** *ici* : jouer – 11 **Aulnay-sous-Bois** une ville de la banlieue parisienne – 12 **bougonner** dire de façon peu claire – 13 **une bouilloire** Wasserkocher – 14 **roupiller** *fam* dormir – 14 **une omoplate** Schulterblatt – 17 **en traction** *f ici* : en train d'être tiré – 18 **soupçonneux** → soupçonner (verdächtigen) – 22 **extirper qc (d'un lieu)** sortir qc – 23 **le kinkeliba** plante africaine qui aide la digestion – 24 **un évier** Spüle – 25 °**houspiller qn** gronder qn – 27 **pester** schimpfen – 27 **le pulaar (ou le peul)** une langue parlée au Sénégal (entre autres) – 28 **percuter qn** mit jdm zusammenstoßen – 28 **une embrasure** Öffnung

– Tu n'as pas répondu. *Seulement* Awa ? Qu'est ce qu'elle va faire à seize ans au Fouta, Awa ? Dis-moi ?

– Non, pas seulement Awa. Tout le monde. Et ton frère aussi. Et Madame l'Actrice aussi. On va voir la famille.

5 – Brusquement ? La nostalgie, comme ça, d'un coup ?

– Oui, brusquement, d'accord ? Maintenant que tout le monde a les papiers, qu'il y a les vacances, que Bocoum doit solder ses congés, c'est pratique.

– Pratique.

10 – Oui.

Elles finirent leur tressage en silence. Puis le bébé se réveilla, brailla. Aminata le posa sur son tapis de sol et lui colla son pangolin dans les bras. Amayel balança la peluche d'un coup de patte potelée et brailla plus fort. Aminata marcha 15 tranquillement jusqu'au chauffe-biberon ; Dado termina rapidement sa tresse et fit signe à Ernestine de décamper.

La porte fut refermée, le bébé neutralisé par du lait de croissance, et deux tabourets raclèrent le linoléum.

Si Ernestine était restée près de la cuisine, voici ce qu'elle 20 aurait entendu :

– Allez, Aminata. Avec qui vous voulez la marier, votre fille ?

La langue d'Aminata claqua comme un élastique qu'on détend.

– Avec le fils de Bassirou. Ça a toujours été convenu comme 25 ça. Bassirou a prêté l'argent du voyage juste avant la naissance ; il a dit que si c'était une fille dans mon ventre, elle s'appellerait Awa, il a dit qu'il fallait qu'on l'emmène, qu'elle naisse en France pour avoir la nationalité. Et plus tard, quand elle serait mariée à son fils, ils pourraient vivre un temps au village et

---

2 **le Fouta** une région du Sénégal – 5 **brusquement** *ici :* soudain – 8 **solder ses congés** *mpl* prendre les jours de vacances auxquels on a droit – 12 **brailler** crier – 13 **un pangolin** *ici :* une peluche qui représente un animal d'Afrique – 14 **une patte** *ici : fam* une jambe – 14 **potelé** pummelig – 15 **un biberon** Babyfläschchen – 16 **décamper** *fam* partir – 17 **neutraliser** *ici :* calmer – 17 **le lait de croissance** *f* du lait spécial pour bébé – 18 **racler le sol** *ici :* faire un bruit désagréable en étant déplacé sur le sol – 23 **détendre un élastique** le lâcher après l'avoir tiré – 24 **être convenu** être décidé – 25 **prêter** leihen

ensuite faire les papiers à l'ambassade, revenir en France, travailler, et s'occuper de la famille.

– C'était organisé votre affaire, dis-moi. T'avais même pas une échographie que ton fœtus servait déjà de filière
5 d'immigration.

Il y eut un moment de silence. On entendait uniquement la succion féroce du bébé sur son biberon. Dado reprit :

– Sans parler du reste – des études, du métier, de l'intelligence et de la liberté de ta fille. Même sans parler de ça : un
10 mariage entre cousins, c'est une hérésie biologique. De génération en génération, ça fait des dégénérés bourrés de maladies génétiques.

– Et le célibat, c'est quoi ? Un truc de bonnes sœurs ? Rester vieille fille, c'est pas une hérésie biologique, peut-être ?

15 Dado prit sur elle et répondit simplement :

– Laisse-la décider, ta fille. Pour l'instant elle est trop jeune pour savoir ce qu'elle veut. Attends qu'elle grandisse. Qu'elle vive ses expériences. Qu'elle se forge. Donne-lui le temps d'apprendre à faire ses choix.

20 – C'est comme ça que c'est convenu. Ton frère a donné sa parole d'honneur, tu sais ce que ça veut dire.

– On ne peut pas donner une parole qui engage quelqu'un d'autre. Awa, elle pissait dans ses Pampers quand vous avez décidé pour elle. Et maintenant elle révise le bac français au
25 CDI. Elle n'a rien à voir là dedans.

– Toi aussi, fit remarquer Aminata après un moment d'hésitation, quand tu es partie faire le lycée à Dakar, tu as eu l'argent du mariage de ta sœur. Et jusqu'à ce que tu aies ta bourse, ils envoyaient des mandats. Tu sais comment ça
30 marche.

---

4 **une échographie** Ultraschalluntersuchung – 4 **une filière** *ici :* Ring – 7 **la succion** [sy(k)sjɔ̃] Saugen – 10 **une hérésie** *ici :* une grosse erreur – 11 **bourré de** *fam* plein de – 13 **rester vieille fille** rester seule/célibataire – 15 **prendre sur soi** se retenir de réagir, ne pas montrer qu'on est blessé – 18 **se forger** développer sa personnalité, savoir qui on est – 29 **une bourse** *ici :* Stipendium – 29 **un mandat** *ici :* un transfert d'argent

– Je sais. C'était de l'argent bien investi, je te garantis. Je rembourse, tu n'as pas idée. Mais ce n'est pas parce qu'ils ont fait comme ça avec nous qu'il faut continuer.

Amayel sortit de ses minuscules entrailles un rot retentissant.

5 Dado conclut :

– C'est une mauvaise raison.

Mais Ernestine n'entendit rien à cette conversation. Elle lisait laborieusement, s'efforçant de faire abstraction du tintement agaçant de la wii :

10 « *Gardez-vous d'imiter ces coquettes vilaines*
Dont par toute la ville on chante les fredaines
Et de vous laisser prendre aux assauts du malin,
C'est à dire d'ouïr aucun jeune blondin... »

En relisant les répliques d'Arnolphe, Ernestine entendait très 15 distinctement la voix de Jacob, et elle voyait aussi sa nuque, avec la tache de naissance en forme de croissant de lune qui apparaissait à la racine de ses cheveux quand il baissait la tête.

---

2 **rembourser** payer en retour – 4 **les entrailles** *fpl* Eingeweide – 4 **un rot** *ici :* Bäuerchen – 4 **retentissant** qui fait beaucoup de bruit – 8 **laborieusement** avec quelques difficultés – 8 **faire abstraction de qc** *ici :* faire comme si on n'entendait pas qc – 9 **agaçant** énervant – 10 **se garder de faire qc** se retenir de faire qc (sich hüten) – 10 **une vilaine** *ici : vx* une femme de basse morale – 11 **chanter les fredaines** *fpl* **de qn** *vx* parler de qn – 12 **un assaut** une attaque, *ici :* le fait d'essayer de séduire qn – 12 **malin** schlau – 13 **ouïr** *vx* écouter – 13 **un blondin** *ici :* un jeune homme (→ blond) – 15 **la nuque** Nacken – 16 **une tache de naissance** Leberfleck

Chapitre 2

À la pause de dix heures, Awa se glissa derrière le bâtiment de physique-chimie. Elle savait qu'elle retrouverait Agathe, qui sortait d'un cours d'allemand, sur la troisième marche de
5 l'escalier de secours – l'endroit précis d'où, un peu penché entre les barreaux de la rampe, on captait le wifi de la salle d'informatique.

Awa était grande, mince, parlait bas et s'habillait sobrement. Elle avait eu seize ans le 12 avril et ce jour-là, elle avait
10 attrapé une paire de ciseaux et coupé elle-même, dans un tracé approximatif, ses cheveux crépus. Agathe, sa meilleure amie, avait égalisé du mieux qu'elle avait pu : pour rattraper le carnage, elle s'était mis en tête de donner à Awa un air de Halle Berry. Depuis, Awa lissait ses cheveux au fer à défriser
15 et dégageait ses oreilles pour mettre en valeur les deux paires d'anneaux en or qu'elle portait à tour de rôle.

Agathe, elle, avait les cheveux roux, un surpoids qu'elle requalifiait de morphologie méditerranéenne et d'éternels projets de régimes alimentés par la lecture de magazines
20 féminins. Sur son visage, une acné juvénile bourgeonnait parmi une myriade de taches de rousseur.

Pour son anniversaire, Agathe avait reçu un minuscule ordinateur qu'elle transportait dans son cabas et avec lequel elle entretenait une vie intense sur les réseaux sociaux. Quand
25 Awa s'assit à côté d'elle, elle venait de poster :

```
« Tu es grosse d'un peu partout mais
comme c'est bien réparti, c'est pas trop
choquant ».
(Merci Maman)
```

---

2 **un bâtiment** Gebäude – 5 **penché** gebeugt – 6 **un barreau** Gitterstab – 6 **une rampe** Geländer – 8 **sobrement** *ici :* dans un style neutre – 11 **approximatif** ≠ exact, ≠ précis – 12 **égaliser** *ici :* couper droit – 13 **un carnage** *ici : fig* un massacre – 14 **un fer à défriser** Glätteisen – 16 **un anneau** (Ohr)Ring – 17 **le surpoids** Übergewicht – 18 **requalifier qc** donner un nouveau nom à qc – 18 **la morphologie** *ici :* la structure corporelle, la silhouette – 19 **un régime** un programme diététique pour perdre du poids – 20 **juvénile** → un jeune – 21 **une tache de rousseur** Sommersprosse – 27 **répartir** *ici :* verteilen

Awa fronça les sourcils en lisant l'écran puis dévisagea sa meilleure amie :

– Ta mère t'a *vraiment* dit ça ?

Agathe acquiesça :

5   – Après, elle s'est rendu compte que c'était vache, alors elle m'a proposé de m'inscrire à son cours d'Aquabike. Tu te rends compte ? Trois fois par semaine, dix mémères flasques qui pédalent en ligne dans une piscine pour travailler leur culotte de cheval.

10   – L'Aquabike ? Et pourquoi pas le waterponey ? On pourrait développer le concept : dix mémères montées sur des poneys qui font des longueurs dans la piscine. Tu visualises la scène ? Les maillots de bain et tout ?

Elles eurent un fou rire et l'ordinateur tangua
15   dangereusement entre les barreaux.

– Ah oui oui oui. Très bien. Très porteur, le poney, pour la culotte de cheval.

Un message couina, posté par Liu, qui devait avoir trouvé un moyen de monter sur la terrasse et choper le wifi du CDI.

20   Ma mère, elle a eu honte de moi dans un
        magasin, parce que je ne rentrais pas dans
        du 38 et qu'elle a dû demander le pantalon
        en 40 à la vendeuse.

Une fille qui s'appelait Laure répondit :

25   Les filles, un conseil, emmenez vos mères
        chez GAP : les américaines sont énormes, on
        rentre toutes dans du *Small*.

Agathe s'empressa de l'inviter comme amie. Pendant ce temps-là, Rachel envoyait depuis son téléphone :

30   Ma mère, quand je mange trop, elle soupire.
        Quand je ne mange pas, elle soupire aussi.

---

1 **froncer les sourcils** *mpl* die Augenbrauen hochziehen – 4 **acquiescer** [akjese] faire oui de la tête – 5 **vache** *ici : fam* ≠ sympa – 7 **flasque** schlaff – 8 **une culotte de cheval** Fettpolster an den Oberschenkeln – 14 **tanguer** faire un large mouvement vers le côté – 16 **porteur** *ici : utile* – 18 **couiner** faire un petit son – 19 **choper** *fam* attraper – 30 **soupirer** seufzen

```
Dans tous les cas, elle finit par me dire :
« tu n'es pas facile avec ta mère ».
```

Liu leur envoya le lien vers la page `Ma mère voudrait que je sois anorexique` et elles adhérèrent toutes les quatre

5   au groupe.

Awa croqua dans un KitKat.

– Pour la mienne, une femme doit pouvoir faire tenir un plateau en équilibre sur ses fesses : sinon, c'est qu'elles sont plates. Dis aux filles de relativiser.

10   Agathe, qui avait du mal à voir quelqu'un manger, sortit une barre de céréales de son cabas.

– C'est un truc pour oiseaux arrosé de lait de soja ? interrogea Awa, qui se méfiait des graines en général et du bio en particulier.

15   Agathe lut le sachet :

– C'est de l'avoine avec du chocolat maigre issu d'une filière de commerce équitable.

Awa secoua la tête :

– On y revient.

20   – À quoi ?

– Aux poneys. C'est de la bouffe pour poneys, l'avoine.

– C'est facile, quand on est maigre comme un clou, de critiquer les efforts désespérés des gens méditerranéens.

– Le clou te remercie. Bonjour chez toi.

25   – Non, je veux dire : quand on n'a jamais eu de problème de poids.

– C'est génétique. C'est les Peuls.

– Quoi, les Peuls ?

– On est un peuple de bergers, des dingues de vaches,

30   maigres avec des visages longs et de grandes oreilles décollées.

La sonnerie retentit. Agathe fronça le nez et souleva les anneaux d'Awa.

---

4 **anorexique** magersüchtig – 4 **adhérer à un groupe** devenir membre – 5 **croquer** *ici :* knabbern – 8 **un plateau** Tablett – 8 **faire tenir qc en équilibre** etw ausbalancieren – 13 **se méfier de qc** ≠ avoir confiance en qc – 15 **un sachet** *ici :* le papier plastique autour de la barre – 16 **l'avoine** *m* Hafer – 22 **maigre comme un clou** *fam* spindeldürr (**un clou** Nagel) – 29 **un berger** Hirte – 30 **décollé** *pour les oreilles :* abstehend

– Tes oreilles sont nickel. Je n'ai même pas ça pour me consoler.

Elle rabattit l'écran de l'ordinateur et le fourra dans son cabas. Awa se leva :

5 – Tu as vu mon père, non ? L'implantation de ses oreilles est assez proche de celle du troll.

Elles longèrent les laboratoires de physique où un troupeau d'élèves attendait de pouvoir franchir la porte étroite.

– Et Kate Moss, elle est peule aussi ?

10 Elles passèrent à la hauteur de leur professeur de français, Monsieur Mérindol, qui se dirigeait vers le bâtiment du collège, sa sacoche de cuir rebondissant contre sa hanche.

La deuxième sonnerie retentit. Il leur sourit, pressa le pas jusqu'à la salle 109 et commença son cours aux 6^{e}1.

---

1 **nickel** *fam* parfait – 3 **rabattre** *ici :* fermer – 7 **un troupeau** *ici : fam, fig* Herde – 8 **étroit** ≠ large – 12 **une sacoche** un sac

Chapitre 3

Assise au premier rang, Ernestine scrutait la lèvre de son professeur. Ce bouton qui suivait chaque mouvement de la bouche de Monsieur Mérindol captait toute son attention.
5 C'était rond, enflé, et proprement répugnant. Et, parole d'Ernestine, ce n'était pas là la veille.

– Les enfants, nous avons gagné le prix « Ici et Là-bas ». Je ne sais pas si vous vous rendez compte ! s'époumonait le prof, assis sur le bord de son bureau. Son bouton remuait au rythme
10 des syllabes : Vous représentez le collège, vous représentez Villepinte, vous représentez la Seine-Saint-Denis !

Au début de l'année, emporté par un espoir fou, Marcel Mérindol avait inscrit sa classe au prix de théâtre « Ici et Là-bas » du Conseil général de Seine-Saint-Denis. Le principal
15 enjeu était un prix de cinq mille euros à répartir sur cinq ans, au profit d'un projet « solidaire ». Après un premier tour éliminatoire, un jury avait jugé de la qualité d'une scène extraite du théâtre classique, jouée par des classes de collège. La 6e1 de Villepinte avait décroché une place en finale et avait
20 affronté avec aplomb sa concurrente de Villetaneuse. Chaque élève avait présenté une dizaine de vers de l'acte II, scène V de *L'École des Femmes*, de Molière. Ernestine avait proposé une interprétation remarquée de la réplique d'Agnès, « *le petit chat est mort* », en mettant dans sa voix assez d'émotion pour faire
25 sangloter un employé des pompes funèbres. Les poumons de Marcel Mérindol s'étaient gonflés de fierté au moment où le jury annonçait que la 6e1 de Villepinte remportait le prix. Le

---

2 **scruter** observer avec beaucoup d'attention – 3 **un bouton** *ici :* Bläschen – 5 **enflé** angeschwollen – 5 **répugnant** dégoûtant, horrible – 8 **s'époumoner** crier – 9 **remuer** bouger – 12 **emporté par qc** *ici :* motivé par qc – 15 **un enjeu** das, was auf dem Spiel steht – 17 **un tour éliminatoire** un tour qui permet de décider qui quitte la compétition – 19 **décrocher qc** *ici : fam* obtenir qc, avoir qc – 20 **l'aplomb** *m* l'assurance, la confiance en soi – 25 **sangloter** pleurer – 25 **les pompes funèbres** *fpl* Bestattungsunternehmen – 25 **les poumons** *ici :* la poitrine – 26 **la fierté** → fier

Conseil général avait réservé aux lauréats une grande salle de théâtre parisienne, pour une représentation unique au mois de juillet.

– Maintenant, vous devez vous investir comme des pros,
5 être plus rigoureux que jamais. Dans la diction. Dans votre jeu d'acteurs. Vous devez vous imprégner des mots, du texte, de l'époque, pour être à la hauteur de l'honneur qui vous est fait : jouer à Paris, au Trianon !

Mérindol sauta au pied du bureau, considérant
10 probablement qu'il avait suffisamment boosté le moral de ses troupes, et annonça la reprise de la répétition.

– Jacob : acte I, scène III, tu donnes la réplique à Kevin. Kevin, tu penses à bien casser l'alexandrin. Tu respires aux virgules, pas à la fin des strophes.

15 Ernestine profitait toujours des passages d'Arnolphe pour regarder Jacob peinarde. Elle aimait le picotement que suscitait sous son nombril la revue des endroits qu'elle serait un jour susceptible d'embrasser. Elle s'était plus ou moins décidée pour un morceau de peau situé en dessous de l'oreille et elle
20 détailla la zone une fois de plus, comme un terrain sur lequel elle aurait envisagé de construire une maison.

Quand elle eut fini d'embrasser mentalement le cou, les picotements se répandirent dans son ventre et emballèrent son imagination jusqu'à ce qu'elle entrevoie la possibilité
25 d'embrasser Jacob sur la bouche.

Ernestine s'arrêta pour réfléchir. Elle n'était pas sûre d'en avoir envie. Le côté baveux des lèvres collées lui évoquait immanquablement un escargot. Et un certain nombre de difficultés techniques apparaîtraient une fois l'escargot

---

1 **un lauréat** une personne qui gagne un prix – 2 **une représentation** *ici* : Vorstellung –
4 **s'investir** s'engager, faire qc avec toute son énergie – 4 **un pro** *abrév de*
professionnel – 5 **rigoureux** *ici* : qui travaille beaucoup – 5 **la diction** la façon de dire le
texte – 6 **s'imprégner de qc** *ici* : in etw eintauchen – 16 **peinard** *fam* tranquille – 16 **un
picotement** Kribbeln – 16 **susciter** provoquer – 17 **le nombril** Bauchnabel – 18 **être
susceptible de faire qc** pouvoir faire qc – 21 **envisager de faire qc** avoir pour projet
de faire qc – 23 **emballer** *ici* : exciter – 27 **baveux** speichelnd – 28 **immanquablement**
systématiquement

surmonté : comment fallait-il écarter les dents ? Ouvrait-on la bouche tout de suite, ou après avoir passé un moment à prendre ses repères sur les lèvres ? Une fois passées les arcades, est-ce qu'on embrassait comme on fait un bisou, ou est-ce qu'il
5 y avait une méthode spéciale pour l'intérieur de la bouche ?

Ernestine était également tracassée par une autre question, qu'elle aurait bien aimé poser à Awa, si la démarche ne l'avait pas exposée à l'humiliation inutile d'entendre sa sœur ricaner. Elle aurait voulu savoir ce qu'on entendait
10 exactement par « sortir avec un garçon ». Est-ce qu'on « sortait ensemble » en s'embrassant juste une fois ? Ou est ce qu'il fallait recommencer, s'astreindre à une certaine régularité ? Est-ce qu'il suffisait d'un petit bisou et, dans le cas contraire, qui pouvait juger si le baiser était digne de l'appellation ? Est-
15 ce qu'il fallait réellement aller quelque part à deux pour dire qu'on était « sorti ensemble » ?

Elle regarda à nouveau le bouton, niché au-dessus de la lèvre de son professeur et, à défaut de se décider concernant le baiser, elle conclut que Jacob était beaucoup plus propre et
20 plus beau.

Ernestine aimait beaucoup discuter avec Jacob. Ils choisissaient des sujets difficiles et excitants – l'amour, le sens de la vie, l'existence de Dieu, la vie privée de la directrice – qu'ils traitaient à fond, au cours de longues conversations qu'il
25 était impossible d'avoir avec qui que ce soit d'autre.

Ernestine avait essayé, respectivement : avec sa mère, mais elle était toujours occupée à étendre du linge ou à récurer une grosse marmite. En général elle vous coupait rapidement la parole pour vous mettre à contribution. Avec sa sœur, mais Awa

---

1 **surmonter qc** etw überwinden – 1 **écarter les dents** *mpl* ouvrir la bouche – 3 **prendre ses repères** *mpl* s'orienter – 6 **tracassé par qc** inquiet à propos de qc – 7 **une démarche** *ici :* une action – 8 **exposer** conduire – 9 **ricaner** *ici :* se moquer de qn – 12 **s'astreindre à qc** s'obliger à qc – 14 **être digne de qc** mériter qc – 14 **une appellation** un nom – 17 **niché** *ici :* situé – 18 **à défaut de** au lieu de (statt) – 24 **à fond** voll und ganz – 27 **étendre du linge** Wäsche aufhängen – 27 **récurer** laver avec énergie – 28 **une marmite** Kochtopf – 29 **mettre qn à contribution** demander de l'aide à qn

levait les yeux au ciel dès que vous contestiez plusieurs fois de suite un même point, l'air de dire « Onze ans, quel âge débile ». Et enfin, avec les filles de sa classe. Mais elles étaient le plus souvent occupées à échanger leurs serre-têtes et gloussaient
5 sans arrêt, sans très bien savoir pourquoi.

La première conversation qu'Ernestine avait eue avec Jacob avait porté sur leurs prénoms.

C'était le jour de la rentrée et la directrice avait réuni tous les nouveaux dans le gymnase pour leur expliquer de sa voix
10 d'ancienne prof de français – en détachant tous les mots comme pour une dictée – que la sixième était une classe charnière, décisive, qui allait déterminer toutes les années à venir jusqu'au Baccalauréat et peut-être aussi toute la vie. Elle avait ensuite tricoté six rangs de classes, prenant chaque
15 élève en sandwich entre son propre cartable et celui dont le propriétaire portait le nom précédant le sien dans l'alphabet.

M. Mérindol, professeur de français de la 6e1, avait montré le chemin de la salle de classe à la caravane trottinant derrière lui.
20 Quand il entreprit de faire l'appel, des catégories de prénoms se créèrent, dans lesquelles on pouvait ranger presque tous les élèves. Tous en fait, sauf deux.

Il y avait le genre à s'appeler comme les personnages de séries télévisées transmises en début d'après-midi, celles dans
25 lesquelles les acteurs ne parlaient jamais au moment où leurs lèvres bougeaient. On rangeait facilement dans cette catégorie Kevin, Ryan, Bryan, Dylan, Kenny, Sandie et Brenda ; plus tard dans l'année, Kenny, dans *L'École des femmes*, s'appellerait Oronte.
30 Il y avait les prénoms des séries françaises de fin d'après-midi, façon premier amour au bord de l'eau : Océane, Maéva, Mélody, Ambre et Anthony.

---

1 **contester qc** exprimer son désaccord sur qc – 2 **débile** stupide – 4 **un serre-tête** Haarreif – 12 **charnière** *ici* : très important – 14 **tricoter** *ici* : former – 18 **trottiner** marcher en faisant des petits pas – 20 **faire l'appel** *m* appeler chaque élève de la classe par son nom et prénom

Il y avait le groupe Afrique subsaharienne, qui comptait Fanta, Mamadou, Issiaka et Binta, et celui d'Afrique du Nord, où ranger Houria, Naïm et Hicham.

Il y avait ceux dont les parents avaient complètement pété les
5 plombs, et qui s'appelaient Anatole, Sérafine, Céleste, Ulysse et Archibald. Céleste, en particulier, avait eu des ennuis à l'école maternelle, où elle était fréquemment identifiée à l'épouse de Babar. Des parents avaient même été convoqués par le chef d'établissement parce que leur fille avait tiré sur le nez de
10 Céleste, suspectant qu'il s'agissait d'une trompe repliée.

Et puis il y avait les deux prénoms qui ne ressemblaient à rien.

Ernestine, qui logiquement aurait dû faire partie de l'équipe Afrique subsaharienne, s'était entendu dire gentiment par son
15 institutrice de CM2 qu'elle avait le même prénom qu'une de ses lointaines aïeules. En France, plus personne ne s'appelait Ernestine depuis belle lurette. Presque personne ne s'appelait comme ça au Sénégal non plus. Sa mère avait choisi ce prénom en hommage à la sage-femme missionnaire qui l'avait fait
20 naître. La grand-mère d'Ernestine avait atterri en catastrophe dans un dispensaire de brousse béninois le 10 décembre 1969, date de la rupture accidentelle de sa poche des eaux. La religieuse qui assista à l'accouchement s'appelait Sœur Ernestine du Cœur Immaculé de Marie. L'Ernestine actuelle
25 considérait comme un coup de bol d'avoir échappé au nom complet.

---

4 **péter les plombs** *mpl fam ici :* spinnen – 6 **un ennui** *ici :* un problème – 6 **l'école maternelle** l'école pour les enfants de 2 à 6 ans – 8 **Babar** un éléphant, personnage de livres pour enfants – 10 **suspecter** *ici :* imaginer – 10 **une trompe** Rüssel – 10 **replié** *ici :* zusammengefaltet/ gerollt – 15 **un instituteur** un professeur à l'école maternelle et primaire (enfants de 2 à 11 ans) – 15 **le CM2** la dernière classe de l'école primaire (enfants de 11 ans) – 16 **un aïeul** Vorfahr – 19 **une sage-femme** Hebamme – 20 **en catastrophe** *ici :* en urgence – 21 **un dispensaire** une sorte de petit hôpital – 21 **la brousse** Busch – 21 **béninois** → le Bénin – 22 **la rupture de la poche des eaux** *fpl* Verlieren des Fruchtwassers – 23 **un accouchement** Entbindung – 24 **immaculé** *ici : rel* unbefleckt – 25 **un coup de bol** *fam* un coup de chance

Jacob, lui non plus, ne rentrait dans aucune catégorie. Il avait un père hongrois et une mère ukrainienne qui s'étaient connus en Amérique du Sud. C'était habituel, semble-t-il, chez une catégorie de juifs au nom difficile à prononcer, de
5 changer de pays tout le temps. Jacob avait un an de plus à cause d'une année passée avec ses parents au Canada, et à côté des autres garçons de la classe, qui ressemblaient tous à des bébés joufflus, il avait l'air d'un grand. Il parlait une langue différente avec chacun de ses parents, une troisième qui
10 ressemblait à de l'allemand avec sa grand-mère et écrivait en espagnol à ses cousins restés en Argentine. Et il avait bien sûr appris l'anglais au Canada. La directrice était un peu embêtée par la perspective de lui trouver une deuxième langue vivante en quatrième.

15 Son prénom lui avait été donné en hommage à son arrière-arrière-grand-père paternel, mort pendant la Seconde Guerre mondiale, et en mémoire de l'oncle de sa grand-mère maternelle, mort pendant la Seconde Guerre mondiale, et en souvenir d'un ami d'enfance de son arrière grand-père, mort
20 pendant la Seconde Guerre mondiale. Tous ces homonymes valaient à Jacob de se faire caresser les cheveux par de vieilles personnes en Argentine, au Canada et à Aubervilliers, depuis qu'il était en âge d'avoir des cheveux, ce qui donnait à ce prénom un petit quelque chose de pesant.

25 Jacob et Ernestine avaient donc engagé la conversation en se racontant l'un l'autre l'histoire de leurs prénoms. Ils avaient ensuite embrayé sur beaucoup d'autres sujets – l'avantage des grands carreaux sur les petits pour faire des grilles de morpion, la carrière d'Ernestine au cinéma, les ambitions d'entorse de
30 Jacob qui n'aimait pas les séances d'endurance au square, les

---

2 °**hongrois** → la °Hongrie (Ungarn) – 4 **un juif** Jude – 8 **joufflu** pausbäckig – 12 **être embêté** *ici :* ne pas savoir quoi faire – 24 **pesant** ≠ léger – 27 **embrayer sur qc** *ici :* continuer à parler de qc – 28 **un carreau** *ici :* Kästchen – 28 **le morpion** *ici :* Tic-Tac-Toe-Spiel – 29 **une ambition** *ici :* un projet – 29 **une entorse** Verstauchung – 30 **l'endurance** *f en sport :* le fait de courir longtemps

moyens d'obtenir la somme d'argent couvrant deux places de cinéma demi-tarif et un cornet de pop-corn format médium.

Récemment, leurs discussions avaient porté sur la question du baiser. Jacob était assez partant pour être embrassé dans le cou mais il proposait qu'après le cou, ils passent rapidement aux lèvres, proposition à laquelle Ernestine s'était engagée à réfléchir.

4 **être partant** être d'accord

Chapitre 4

Dimanche matin, avant de quitter l'appartement, Aminata confia la surveillance du bébé et du thiéboudiène à ses filles aînées. Elle harnacha ensuite les sacs de sport sur le dos des
5 garçons, les houspilla pour qu'ils lâchent la wii et les tira par l'emmanchure du polo jusqu'à la cage d'escalier. Elle descendit pesamment les marches, dirigeant cette fois des imprécations en pulaar contre la société de maintenance de l'ascenseur.

Après l'entraînement de foot, la famille se retrouvait toujours
10 pour un repas traditionnel : c'était le seul jour où le père était à la maison. Évidemment, le vendredi, jour de la grande prière, avait plus d'importance pour Monsieur Bocoum, mais cette considération ne rentrait pas en ligne de compte dans l'élaboration du calendrier de production de son groupe
15 automobile.

En fait de surveillance, le bébé avait fait ses dents sur les manettes wii, et Ernestine avait usé les capacités de résistance d'Awa jusqu'à ce que cette dernière consente à se mettre dans la peau d'Arnolphe. Amayel braillait et agitait les bras en
20 direction du frigidaire. Ernestine, qui craignait que leur père ne sorte de sa chambre, acheta son silence en lui enfournant une cuillerée de compote pomme-cassis dans le gosier. Puis elle articula avec émotion :

« Il jurait qu'il m'aimait d'un amour sans seconde
25 *Et me disait les mots les plus gentils du monde,*
Des choses que jamais rien ne peut égaler,
Et dont, toutes les fois que je l'entends parler,

---

3 **le thiéboudiène** plat sénégalais à base de riz, de poisson et de sauce tomate –
4 **aîné** plus vieux – 4 °**harnacher** *ici :* mettre – 6 **une emmanchure** Armausschnitt –
7 **pesamment** → pesant p. 28 – 7 **une imprécation** Fluch – 12 **une prière** Gebet –
13 **une considération** *ici :* Überlegung – 13 **rentrer en ligne de compte** jouer un
rôle – 14 **l'élaboration** *f* la préparation – 17 **user les capacités** *fpl* **de résistance** *f* **de qn**
beaucoup insister – 18 **consentir à faire qc** → le consentement p. 7 – 21 **enfourner** *ici :*
mettre – 22 **le cassis** [kasis] schwarze Johannisbeere – 22 **le gosier** *ici :* la bouche –
24 **jurer** promettre – 24 **sans seconde** *ici :* complet, total – 26 **égaler** *ici :* gleichkommen

La douceur me chatouille et là-dedans remue
Certain je ne sais quoi dont je suis tout émue. »

Le plat de riz au poisson qui mijotait sur la gazinière répandait dans l'appartement une odeur chaude de tomates et de cube
5 Maggi. Awa ouvrit *L'École des Femmes* et enchaîna :

– « *Outre tous ces discours, toutes ces gentillesses, ne vous faisait-il point aussi quelques caresses ?*

– *Oh tant !* », s'exclama Ernestine, la main sur le cœur. « *Il me prenait et les mains et les bras, et de me les baiser il n'était*
10 *jamais las* »…

– « Las », tu comprends ?

– Heu, non.

– « Fatigué ». « Soûlé ».

– Ah. Merci.
15 – Et « baiser », bien sûr, c'est… heu… le sens littéral : ça veut dire « embrasser ».

– Tu me prends pour qui ?

– Pardon pardon. Mais quand tu ne comprends pas, demande-moi. C'est mieux.
20 – D'accord. Ben justement… tu as déjà… heu… embrassé un garçon ?

Awa leva les yeux des pages cornées du livre et soupira :

– Ça y est… les glandes de ma petite sœur ont découvert leur fonction « sécrétion d'hormones ».
25 – Oh, ça va, hein. C'est en rapport avec la pièce.

– Calme tes ardeurs. Horace lui embrasse les mains et les bras, mais il ne va pas plus loin.

– Toi non plus, à ce qu'il paraît, marmonna Ernestine entre ses dents.
30 Awa bondit.

– D'où tu sors ça, toi ?

---

1 **la douceur** → doux – 1 **chatouiller** kitzeln – 2 **ému** → une émotion – 3 **mijoter** cuire
à petit feu – 6 **outre qc** en plus de qc – 8 **s'exclamer** *ici :* dire joyeusement – 13 **soûlé**
ici : fam ermüdet – 22 **corné** *pour un livre :* mit Eselsohren – 23 **une glande** Drüse –
26 **l'ardeur** *f* la passion – 28 **à ce qu'il paraît** d'après ce qu'on entend dire

– Bruits de couloir, articula Ernestine, recroquevillée, l'avant-bras positionné en bouclier au-dessus de son visage.

Ernestine ne tenait pas à faire savoir qu'elle piratait depuis un moment la messagerie électronique d'Awa – surtout pas à
5 la principale intéressée, qui avait la baffe facile.

On trouvait, parmi les mails qu'Awa échangeait avec Agathe, quelques informations concernant le peu de suite qu'Awa avait donné à un slow dansé avec un certain Baptiste. Un manque d'intérêt proprement rabat-joie, écrivait Agathe. Awa
10 lui répondait de se concentrer sur les révisions du bac français, coefficient 4 en S, et lui faisait noter que le garçon en question avait du tartre entre les dents de devant.

Amayel protesta contre l'interruption du va-et-vient de la cuillère entre le pot et son estomac.

15 La baffe attendue ne vint pas. Awa venait de faire un rapide calcul dans sa tête.

– Dis moi... Ta pièce, là. Qu'on révise depuis des mois. Vous allez la jouer, non ?

Ernestine releva la tête et répondit avec satisfaction en
20 essuyant une embardée de compote sur la joue d'Amayel :

– Oui. Dans un grand théâtre parisien, avec des projecteurs qui éclairent la scène, un rideau, des coulisses. Et même un guichet où on vend les billets.

– Mais quand ?

25 – Le 15 juillet. J'espère que le producteur de la *Nouvelle Star* ne sera pas en vacances. Je me disais que je pourrais lui envoyer une invitation anonyme. J'ai déjà réfléchi au texte : « Jeune talent se produit ce soir au Trianon. Ne rater sous aucun prétexte. Un ami qui vous veut du bien ». Qu'est ce que
30 tu en penses ? Un ami, tu comprends ? Comme il pensera que

---

1 **un bruit de couloir** Gerücht – 1 **recroquevillé** zusammengekauert – 2 **un bouclier** Schutzschild – 5 **avoir la baffe facile** *fam* donner facilement une *gifle* (Ohrfeige) – 9 **rabat-joie** ennuyeux, ≠ excitant – 11 **un coefficient** *ici :* un nombre qui indique l'importance d'une note dans la note finale du bac – 12 **le tartre** Zahnstein – 20 **essuyer** *ici :* nettoyer – 20 **une embardée de compote** un peu de compote qui a manqué la bouche du bébé et qui est resté sur sa *joue* (Backe) – 22 **un rideau** Vorhang – 28 **sous aucun prétexte** en aucun cas

ça vient d'un homme, il ne pourra jamais remonter jusqu'à moi. Un premier contact avec lui pourrait être bon pour ma carrière d'actrice.

– Le Trianon ? Ah. Quand même.

5 – Quoi quand même ? Tu connais ?

– C'était là-bas, le concert de Rokia Traoré où Dado m'a invitée.

– Alors ?

– Ben… C'est la classe.

10 – C'est vrai qu'il y a un balcon ?

– Bien sûr ! Peut-être même plusieurs. Il doit y avoir cinq cent places à l'intérieur. Tu ne peux pas rater ça.

– T'es malade ou quoi ? Tu veux que je sois où pour rater ça ?

Awa rattrapa le bébé qui rampait sous le meuble de la 15 télévision, sortit les moutons de poussière de sa bouche et le ceintura.

– Maman m'a demandé de l'aider à chercher des billets d'avion. On est allées sur internet, je lui ai montré les comparateurs de prix. Elle m'a fait entrer Dakar dans la case 20 destination, à la date du 10 juillet. On n'a encore rien acheté.

Les tresses d'Ernestine se dressèrent comme des antennes météo en prévision d'un orage.

– Mais moi je lui ai dit que je ne pouvais pas venir au Sénégal. Qu'il y avait la pièce. Dado a dit qu'elle pouvait me 25 garder, m'emmener à son congrès de champignons. Ils n'ont pas changé d'avis, dis ? Hein ? Dis ?

– Je ne sais pas. Mais on a fait une simulation pour six personnes.

Ernestine fonça chercher son cartable, renversa le contenu 30 sur la moquette. Elle extirpa de son cahier de correspondance l'autorisation que Monsieur Mérindol avait remise à ses élèves pour la faire signer à leurs parents.

---

14 **ramper** marcher à quatre pattes (krabbeln) – 15 **un mouton de poussière** Staubflocke – 16 **ceinturer** *ici :* attacher sur son ventre / son dos – 29 **foncer** aller très vite – 30 **un cahier de correspondance** *f* Mitteilungsheft, das zur Kommunikation zwischen Lehrer und Eltern dient

– Donne-leur, Awa, implora Ernestine d'une voix plaintive dont elle avait déjà pu apprécier les effets convaincants sur sa sœur aînée. Je veux saluer sous les projecteurs dans un théâtre avec des tas de balcons. Explique-leur. S'il te plaît.

---

1 **implorer** anflehen − 1 **plaintif** → se plaindre − 3 **saluer** *ici :* sich verbeugen

Chapitre 5

Leur mère rentra, escortée des garçons bondissants encore chaussés de leurs crampons ; elle renifla l'odeur de brûlé, se précipita dans la cuisine et coupa le gaz sous le thiéboudiène.
5 Puis elle colla au lit Ernestine, qui souffrait d'une brusque colique et menaçait de vomir si on la forçait à se mettre à table. Puis Khalidou Bocoum, qui travaillait en horaires décalés, émergea de sa sieste et rejoignit Aminata, les garçons et Awa autour de la table en formica du salon.

10 Dans les publicités Kinder, les réunions de famille dominicales apparaissent comme un moment privilégié, au cours duquel tous les convives, y compris le chien, aboient de bonheur. Il fait beau. Chaud. La prairie soyeuse sur laquelle la famille Kinder dresse sa table n'a rien de commun avec la dalle sur
15 laquelle est posé l'immeuble des Bocoum. Chez les Kinder, on rit, on s'embrasse, on se ressert copieusement (car c'est toujours délicieux), on exhibe devant la caméra un sourire pétillant et apaisé. Curieusement, Awa n'avait jamais éprouvé ce type de sentiment lors des repas de famille du dimanche
20 midi. Peut-être justement parce que, pour une fois, le père était là. Le visage plein de vapeur, la spatule retournant la masse compacte formée par le riz et la sauce, Awa pria tous les saints du calendrier de la Poste et tendit à son père l'autorisation d'Ernestine.

---

3 **les crampons** *mpl ici :* (Fussball)Stollen – 3 **renifler** *ici :* sentir – 6 **une colique** *ici :* un mal de ventre – 6 **vomir** erbrechen – 7 **travailler en horaires décalés** *mpl* ≠ travailler à des heures « normales » comme p. ex. 9h.-17h. – 9 **le formica** Resopal – 10 **dominical** du dimanche – 12 **les convives** *mpl ici :* les personnes à table – 12 **aboyer** bellen – 13 **une prairie** *ici :* un jardin – 13 **soyeux** seidig – 14 **une dalle** *ici :* le béton – 16 **copieusement** en grande(s) quantité(s) – 17 **exhiber** montrer – 18 **pétillant** *ici :* glitzernd – 18 **apaisé** calme – 21 **la vapeur** Dampf – 21 **une spatule** une grande cuillère en bois

Bocoum se concentra sur le papier, une ride de méfiance creusée entre ses deux sourcils touffus. Il déchiffra avec difficulté :

– « ... j'au-to-rise... mon fils... ou ma fille... x... à par-ti-ci-per
5 à la re-pré-sen-ta-tion... du ... quin-ze juillet... »

Monsieur Bocoum n'avait pas appris à lire et à écrire avant ses quarante ans. Lorsqu'il était enfant, dans le Nord du Sénégal, son propre père n'avait pas jugé bon de l'envoyer dans une école qui lui était à lui-même étrangère. Le plus
10 important, c'était d'apprendre les métiers traditionnels et de subvenir aux besoins de sa famille. C'est grâce à l'un de ses collègues, Alain Géliot, représentant syndical des salariés de l'usine, que Monsieur Bocoum avait fini par suivre des cours d'alphabétisation pour adultes.

15 – « m'engage... à... la chercher, en personne ou par... toute autre... personne... que je signalerai au-pa-ra-vant par écrit... entre 23h... et 23h30... le même soir. »

– C'est une autorisation pour jouer dans un des plus grands théâtres parisiens, plaida Awa. Une occasion exceptionnelle.
20 Ils ont gagné plein de choses pour en arriver là. Il faut juste ta signature dans la case en bas. Là.

Le père tendit le papier à sa femme :

– Aminata... c'est après notre départ pour le Sénégal ça, non ?

25 Elle opina du bonnet.

– On n'a pas encore pris les billets, murmura Awa. Et, en son for intérieur, elle ajouta : « Ernestine, si je t'obtiens ton autorisation, tu rangeras mon matelas tous les matins jusqu'à la fin de tes jours. »

30 Aminata regarda son mari, qui fixait son assiette. Les garçons se faisaient des passes sous la table. Le chausson gauche du bébé était tombé au pied de sa chaise haute.

---

1 **une ride** Falte – 1 **la méfiance** → se méfier de p. 21 – 2 **touffu** épais – 11 **subvenir aux besoins** *mpl* **de qn** gagner de l'argent pour pouvoir acheter à manger etc. à qn – 12 **un représentant syndical** Gewerkschaftsvertreter – 12 **un salarié** un employé – 25 **opiner du bonnet** *fam* faire oui de la tête – 26 **en son for intérieur** in seinem/ihrem tiefsten Inneren

Le père reprit le formulaire d'autorisation.

– C'est la pièce de Molière, c'est ça ? Le fils d'Alain est dans la classe d'Ernestine, et Alain m'a dit qu'il irait le voir jouer au théâtre à Paris.

5 Awa hocha imperceptiblement la tête et en rajouta une couche :

– Ernestine joue le rôle principal.

Hicham Bouaziz, le voisin du quatrième étage, sonna et les garçons demandèrent la permission d'aller jouer avec lui sur la
10 dalle. Ils quittèrent bruyamment l'appartement, les crampons toujours fixés à leurs baskets. Awa essaya d'intercepter le regard de son père, qui tenait toujours l'autorisation entre son pouce et son index, comme une chaussette sale. Il reposa le papier sans le signer. Mais, croisant le regard de sa fille, il finit
15 par dire :

– Je ne sais pas. Peut-être qu'elle nous rejoindra au Fouta après sa pièce.

Aminata, qui s'était levée pour faire la vaisselle, se retourna nerveusement :

20 – Tu dois lui dire maintenant.

Bocoum enleva avec un cure-dent la chair de tomate coincée entre ses incisives puis se tourna vers Awa :

– Si nous allons tous au Fouta cet été, c'est pour ton mariage avec ton cousin Malick.

25 Awa regarda partout dans la pièce. Elle essayait de gagner du temps avant de réfléchir à ce qu'elle venait d'entendre.

– Il y a une caméra cachée dans le salon ? C'est une émission de TF1 ?

Sa mère soutint son regard en silence. Son père avait
30 détourné les yeux vers la fenêtre : sur la dalle, le grand-père d'Hicham sifflait un hors-jeu.

Le corps d'Awa se pétrifia :

---

5 °**hocher la tête** *ici :* nicken – 5 **en rajouter une couche** *ici :* insister avec un nouvel argument – 10 **bruyamment** → le bruit – 13 **le pouce** Daumen – 21 **un cure-dent** Zahnstocher – 22 **une incisive** Schneidezahn – 28 **TF1** une chaîne de télévision – 29 **soutenir le regard de qn** jds Blick standhalten – 31 **un °hors-jeu** Abseits – 32 **se pétrifier** erstarren

– Je vous arrête tout de suite. Je n'ai pas du tout besoin d'assistance de ce côté-là. Vous êtes gentils de vous inquiéter de ma vie sentimentale mais, vraiment, je me sens tout-à-fait épanouie.

5 – Quand on est venu du Sénégal, poursuivit Bocoum d'une voix neutre – il curait cette fois l'espace entre deux molaires, encombré par une arête de poisson –, on a convenu de ce mariage avec mon cousin Bassirou. C'est prévu depuis longtemps.

10 Et il recula sa chaise, visa le téléviseur, et appuya sur le bouton 2 : c'était l'heure de Michel Drucker.

Awa eut envie de hurler, mais elle se contint :

– C'est non. Désolée pour le contretemps. J'espère que vous n'avez pas engagé de frais.

15 Bocoum soupira, éteignit le poste et congédia Aminata d'un geste de la main.

Elle se leva dans un froissement de tissu, plaqua le bébé dans son dos et l'immobilisa d'un nœud de pagne. Puis elle resta un moment à se dandiner d'un pied sur l'autre dans ses
20 sandales en plastique. Finalement, elle se glissa derrière Awa et posa une main maladroite sur son épaule. Awa la repoussa, et Aminata resta dans son dos, les bras ballants.

À ce moment-là, Ernestine entra dans la pièce, les écouteurs de son MP3 vissés dans les oreilles.

25 – Vous avez fini de manger ? Je voudrais qu'Awa vienne continuer l'acte II, scène V…

Aminata s'interposa avant qu'Awa n'étrangle sa petite sœur et lui intima d'un ton qui n'admettait pas la réplique :

---

2 **l'assistance** *f ici* : l'aide *f* – 4 **épanoui** *ici* : heureux – 6 **une molaire** Backenzahn – 7 **une arête** Gräte – 10 **reculer qc** déplacer qc vers l'arrière – 11 **Michel Drucker** *un présentateur d'une émission de télé* – 12 **hurler** crier – 12 **se contenir** se retenir – 13 **un contretemps** widriger Umstand – 14 **engager des frais** *mpl* commencer à dépenser de l'argent – 15 **congédier qn** dire à qn de partir – 17 **un froissement** Rascheln – 17 **un tissu** Stoff – 18 **un nœud** → nouer p. 14 – 21 **maladroit** *ici* : unbeholfen – 22 **ballant** *ici* : schlenkernd – 27 **étrangler** *ici* : *fig* erwürgen – 28 **intimer qc à qn** ordonner qc à qn – 28 **admettre** *ici* : autoriser

– Toi, Ernestine, tu viens avec moi. On va donner le reste de thiéboudiène à Madame Bouaziz.

Elle quitta l'appartement flanquée de ses deux plus jeunes filles avant qu'Ernestine n'ait pu piper mot. La porte claqua : restèrent Awa et Bocoum, assis de part et d'autre de la table en formica.

---

4 **ne pas piper mot** ne pas dire un mot

Chapitre 6

Bocoum fulmina :

– C'est COMME ÇA que ça doit se passer. COMME ÇA que je l'ai promis, COMME ÇA que tu as vécu ici toutes ces années.

5 Awa regardait droit devant elle, s'efforçant de contenir les larmes dans la partie basse de ses orbites, bougeant et pensant le moins possible. Elle essayait juste de se dire, méthodiquement : ce n'est pas réel ; ce n'est pas en train de se passer ; il suffit d'attendre et ça n'aura pas existé.

10 Le père vociférait. Elle le neutralisa en fixant son attention sur des pensées inoffensives. Elle se récita d'abord le cycle de reproduction des blattes. Puis elle énuméra mentalement la liste des mégalopoles japonaises.

– C'est TA place dans la famille.

15 Tokyo. Yokohama.

– Au départ, tu devais rester au Fouta. Aujourd'hui, tu serais déjà mariée, tu aurais des enfants, tu ferais tes corvées, tu aurais ta vie au village et tu trouverais ça normal. NORMAL. Tu n'aurais pas la tête farcie de cette éducation de toubabs.

20 Kyoto.

– C'est Bassirou qui a insisté pour qu'on parte avant ta naissance. Il a dit que la nationalité française, ça pourrait toujours servir.

Osaka.

25 – Si au lieu de t'emmener ici avec nous ou de te laisser là-bas, on t'avait déposée dans un zoo, aujourd'hui tu serais une chèvre, tu voudrais dormir dans l'étable et manger de l'herbe, et tu voudrais braire.

Hiroshima.

---

2 **fulminer** *ici :* dire avec beaucoup de colère – 6 **une orbite** *ici :* Augenhöhle –
10 **vociférer** crier – 11 **inoffensif** ≠ dangereux – 12 **la reproduction** *ici :* Fortpflanzung –
12 **une blatte** Schabe – 17 **une corvée** *ici :* le travail pour entretenir une maison (le
ménage, la cuisine etc) – 19 **farci de** *fam* plein de – 19 **un toubab** *fam en Afrique / pour
les Africains :* un blanc, un Européen – 27 **une chèvre** Ziege – 27 **une étable** Stall –
28 **braire** iahen

Elle sentait la violence monter, le corps de son père se figer, son visage durci s'approcher du sien.

Nagasaki. Il articula distinctement :

– Tu vas te marier avec Malick parce qu'on ne change pas
5 l'ordre des choses : on fait ce qu'on a à faire. Ma mère, mes sœurs, ta propre mère, tout le monde a fait ce qu'il avait à faire. Et quoi ? Tu vaux mieux qu'elles ? Tu te crois au-dessus de nous ?

Awa essaya de se lever, mais son père enserra ses mains et la
10 maintint clouée au tabouret.

– D'autres qui ont trop cru aux chansons de l'école, comme ta tante, sont desséchées par la solitude. Aucun homme ne veut d'elle. Au village, on rit en prononçant leur nom et on raconte sur elles des histoires honteuses, des histoires que je
15 ne peux pas répéter devant mes enfants.

Les mains de Bocoum serrèrent jusqu'à ce que les doigts d'Awa deviennent gris.

Alors il dit comme ça :

– Si tu ne fais pas ce qu'une fille honnête doit faire, si tu
20 deviens une traînée, alors tu n'existes plus. Tu n'es plus ma fille. Tu es orpheline.

---

1 **se figer** ne plus bouger – 10 **clouer** *ici :* immobiliser – 12 **desséché** → sec – 20 **une traînée** *ici : péj* une prostituée

Chapitre 7

Le lendemain, Aminata passa les portes du bâtiment en briques rouges de l'INSERM, Amayel agrippée dans son dos. Les garçons bondissaient autour d'elle pour attraper dans son
5 cabas le sabre laser qu'elle leur avait confisqué dans le bus. Elle tirait par la main Ernestine qui récitait *L'École des Femmes* en marchant.

Dans l'escalier, les garçons entamèrent un combat de cartables. Au premier étage, Amayel fit tomber la girafe en
10 caoutchouc sur laquelle elle bavait et poussa un hurlement. Au palier suivant, un cartable qui avait atterri devant elle fit trébucher Ernestine qui s'ouvrit le genou sur le tranchant de la marche.

Aminata soupira et poussa son petit monde le long du
15 couloir jusqu'au bureau de sa belle-sœur. Quand elle ouvrit la porte, Dado était en train de travailler avec son directeur de recherche.

Aminata déposa son chargement – un bébé vagissant, une girafe ramassée dans l'escalier, un paquet de couches, une
20 boîte de lait en poudre, un biberon, un bavoir brodé d'ours, Ernestine, son cartable, *L'École des femmes* – aux pieds du directeur de recherche qui fut un peu surpris.

Dado les maudit mentalement ; puis elle vit le sang qui coulait le long de la jambe d'Ernestine, attrapa une compresse
25 et du désinfectant dans l'armoire à pharmacie et s'adressa à Aminata sur un ton peu convaincu :

– On est en réunion, là. On doit soumettre un article dans le *New England* avant ce soir.

---

3 **une brique** Ziegelstein – 3 **l'INSERM** *m abrév de* Institut national de la santé et de la recherche médicale – 5 **un sabre laser** Lasersäbel – 8 **entamer** commencer – 10 **baver** → baveux p. 24 – 11 **un palier** *ici :* Treppenabsatz – 12 **trébucher** presque tomber – 12 **un tranchant** un côté coupant – 18 **un chargement** *ici :* ce que qn porte – 18 **vagir** crier – 19 **une couche** *ici :* Windel – 20 **un bavoir** Latz (→ baver) – 20 **brodé** bestickt – 23 **maudire** verfluchen – 27 **une réunion** *ici :* un meeting – 27 **soumettre** *ici :* proposer

– D'accord. Moi, je dois emmener les garçons à la PMI avant seize heures. Pour les vaccins.

Aminata brandit les carnets de santé pour preuve de sa bonne foi. Le directeur rendit sa girafe à Amayel et se tourna
5 vers Ernestine pour lui demander ce qu'elle lisait.

Les garçons avaient extirpé le sabre laser et des éclairs bleus traversaient le bureau.

Dado capitula.

Elle fit partir sa belle-sœur et ses neveux, nettoya le genou
10 d'Ernestine et déplia un drap de l'assistance publique sur lequel elle installa le bébé.

– Heu… c'est parfait, dit finalement le directeur en se tournant vers Dado. Il venait d'écouter patiemment Ernestine lui réciter l'acte III, scène II.
15 – Réduis à quatre mille caractères et envoie l'abstract. N'hésite pas à m'appeler si tu as besoin de moi. Je suis dans mon bureau.

Et il battit en retraite.

Dado dévisagea Ernestine d'un air ennuyé.
20 – Tu as de la bio dans ton cartable ? Après tout, tu es dans un laboratoire de mycologie.

– J'ai un devoir sur la croissance des fougères.

– C'est pas passionnant.

– Sinon je peux enchaîner sur la scène III. Tu me donnes la
25 réplique ?

Dado choisit les fougères.

Ernestine se hissa sur un tabouret devant la paillasse couverte de carrelage, ouvrit son cahier et sortit les feuilles

---

1 **la PMI** *abrév de* Protection maternelle et infantile, service médical et social gratuit pour les mères et leurs enfants – 2 **un vaccin** Impfung – 3 **un carnet de santé** *f* un cahier où sont inscrits les vaccins, les maladies d'un enfant – 4 **la bonne foi** la sincérité – 6 **un éclair** Blitz – 9 **le neveu / la nièce de qn** le fils / la fille de son frère ou de sa sœur – 10 **un drap** Laken – 10 **l'assistance publique** Sozialamt – 15 **réduire** → une réduction – 15 **un caractère** *ici :* une lettre (Buchstabe) – 15 **un abstract** *angl* le résumé d'un article scientifique – 18 **battre en retraite** *f* partir – 22 **une fougère** Farn – 27 **se °hisser sur** monter sur – 27 **une paillasse** *ici :* une table de laboratoire – 28 **le carrelage** Fliesen

qu'elle devait y coller. Elle tint à peu près trente secondes sans
parler.

– Tu t'y connais, en boutons ?

– Tu as un truc à recoudre ? demanda Dado en soulevant
5 les fesses du bébé à la hauteur de son nez. Ce qu'elle sentit la
décida à le changer.

– Non non, pas ce genre de boutons : les boutons sur la peau.
Un gros bouton en forme de goutte qui pousserait là où ton
directeur a de la moustache.

10 – Décrit comme ça, ça ressemble à de l'herpès, conclut Dado
en posant le bébé sur une paillasse transformée pour l'occasion
en table à langer.

– C'est un champignon ? C'est contagieux ?

Dado rabattit les bords autocollants de la couche de part et
15 d'autre d'un dessin de grenouille accroupie.

– Ce n'est pas un champignon, c'est un virus. Assez fréquent.
Il s'attrape en embrassant et revient ensuite de temps en temps,
quand on a un coup de mou ou de la fièvre.

– Ça fait mal ?

20 – Il paraît, oui. Mais je ne sais pas, je n'en ai jamais eu.

Ernestine se représenta Monsieur Mérindol, son professeur
de français, en train d'embrasser une fille fiévreuse, couverte
de pustules. Cette pensée la dégoûta et elle résolut d'examiner
sérieusement Jacob avant le baiser, quelles qu'en soient les
25 modalités.

– Pourquoi tu n'en as jamais eu, toi, de l'herpès ? Tu n'as
jamais embrassé un garçon ?

– TU COLLES TES FOUGÈRES, intima Dado sur un ton assez
menaçant pour être obéie.

30 Ernestine ne moufta plus.

Dado revint à son article, qui retraçait la vie d'un
champignon appelé *cryptococcus neoformans*. Elle coinça un

---

4 **recoudre** wieder annähen – 6 **changer un bébé** lui mettre une nouvelle couche
(p. 42) – 8 **une goutte** Tropfen – 8 **pousser** *ici :* wachsen – 12 **langer** wickeln –
13 **contagieux** qu'on peut attraper au contact de qn qui est déjà malade – 15 **une
grenouille** Frosch – 18 **avoir un coup de mou** *m fam* ne pas se sentir en forme – 18 **la
fièvre** Fieber – 23 **résoudre** *ici :* décider – 30 **moufter** *fam ici :* parler

cryptocoque entre deux lames transparentes qu'elle glissa sous la lampe du microscope.

Le bébé jouait avec ses pieds, qu'il attrapait à deux mains et essayait d'amener jusqu'à sa bouche. Au bout d'un moment, il
5 se lassa et réclama un câlin en agitant les bras.

Dado se levait pour le prendre quand de petits coups furent frappés à la porte. Awa entra. Elle dévisagea Ernestine, juchée sur un tabouret à un mètre du sol. Elle regarda ensuite le bébé qui gazouillait dans les bras de sa tante, bavant de satisfaction.

10 – Tu fais dans le centre aéré, maintenant ?

Dado nota l'air loqueteux de sa nièce, ne fit aucun commentaire et se contenta de répondre :

– Ta mère est à la PMI avec les garçons. Pour les vaccins.

– Faut qu'on parle.

15 L'oreille d'Ernestine se dressa imperceptiblement sous une natte.

– Ah. On attend que ta mère repasse, et je t'emmène dîner dehors ?

– Non. On parle tout de suite. De toute façon, le troll finira
20 par être au courant, dit Awa en désignant Ernestine du menton.

Awa s'enfonça dans le fauteuil à roulettes qui glissa sur le linoléum.

À la sonnerie de 9 heures, Agathe avait vu arriver une Awa
25 grise, le corps contracté, qui s'était confiée à elle avant de sécher les cours pour la première fois de sa vie.

Après une heure de zone, Awa s'était retrouvée à Sevran. Une fois à la gare, sans réfléchir, elle avait pris le RER jusqu'à Robinson, à l'autre bout de la ligne. Le front collé à la vitre, elle n'avait plus pensé à rien. Au terminus, un employé l'avait

---

1 **une lame transparente** *ici :* Glasplättchen – 5 **se lasser** en avoir assez – 5 **réclamer** demander – 5 **un câlin** Kuscheln, Schmusen – 9 **gazouiller** *ici :* lallen – 10 **un centre aéré** Ferien- und Freizeitzentrum – 11 **loqueteux** *ici : fam* très malheureux – 20 **être au courant** être informé, savoir – 25 **contracté** ≠ relax – 25 **se confier à qn** dire ses secrets, parler de ses sentiments à qn – 25 **sécher les cours** *fam* schwänzen – 27 **la zone** *ici : fam* le fait de se déplacer sans but, sans savoir où on va, sans motivation

fait descendre, et elle avait repris le train dans l'autre sens. En descendant de la rame à Villepinte, elle avait croisé sa voisine Neïma, et lui avait faussé compagnie sous prétexte d'un rendez-vous avec sa tante – en s'entendant parler, elle avait réalisé que Dado était la seule personne qu'elle avait envie de voir et elle avait pris le chemin de l'INSERM.

– Je suis obligée de me marier.
La deuxième oreille d'Ernestine s'ouvrit en grand.
Le bébé émit un hoquet sonore et régurgita une flaque de lait.
– Tu n'es obligée de rien du tout. Si tu n'es pas d'accord, tu dis non.
Awa secoua la tête.
Le souvenir de sa sœur parasitait le raisonnement de Dado. Elle regardait Awa, elle aurait voulu être tout entière avec elle, mais une partie de son esprit rejouait une autre scène, une scène qui s'était tenue vingt ans plus tôt dans une maison en banco d'un village au bord du fleuve Sénégal, au Fouta.
Sauf qu'il n'y avait pas eu de conversation : Dado avait écouté Khadidja, cette grande sœur qui avait toujours porté sur les plus jeunes le regard distrait qu'un enfant porte sur ses peluches, lui annoncer son mariage à venir avec le propriétaire d'un gros troupeau de vaches. Khadidja avait vingt ans, ce qui paraissait vieux à Dado, qui en avait quinze : il était dans l'ordre des choses qu'une vieille se marie. Que le propriétaire soit beaucoup plus vieux et polygame s'accordait avec son statut d'homme riche. La dot était à la mesure de la différence d'âge et de fortune des mariés. Elle couvrirait notamment les frais de scolarité de Dado au lycée de Dakar : l'instituteur de Podor avait plaidé sa cause à l'imam, qui l'avait relayée au conseil

3 **une rame** *ici :* un train – 4 **fausser compagnie à qn** ne pas rester avec qn – 10 **le °hoquet** Schluckauf – 10 **régurgiter** wieder von sich geben – 14 **secouer** bouger – 15 **parasiter** *ici :* stören – 15 **un raisonnement** une réflexion – 19 **le banco** matière traditionnelle utilisée en Afrique pour construire les maisons – 28 **une dot** [dɔt] Mitgift – 28 **être à la mesure de qc** être proportionnel à qc – 29 **les frais** *mpl* **de scolarité** *f* l'argent à payer à l'école

de village, et les deux familles avaient entériné la décision des anciens.

C'est à cette sœur que Dado pensait quand elle répondit :

5 – Tu préfères épouser un homme que tu ne connais pas, qui ne t'a pas choisie, qui n'éprouve rien pour toi, qui tombera amoureux d'une autre ? Tu veux passer ta vie à discuter des programmes télé en remplissant des cruches d'eau, avoir dix enfants et du gras qui pend d'un peu partout ? Je te comprends,
10 c'est assez tentant.

– Moi, je n'aimerais pas, dit Ernestine en posant la main à plat sur la feuille de fougère pour que la colle prenne bien. Je veux un mari qui m'aime, et qui soit très riche. Comme ça on aura une maison avec une piscine. Et je serai actrice. Je ferai
15 attention à ne pas avoir de gras qui pend. Mon mari m'offrira des robes longues qui tournent et je monterai les marches du festival de Cannes.

– Toi, on ne t'a pas sonnée, asséna Awa.

Elle se tourna à nouveau vers Dado :
20 – Pourquoi tu dis qu'il tombera amoureux d'une autre ?

– Je dis ça parce que je n'en sais rien. Parce que c'est possible. Parce que c'est peut être déjà le cas, vu que personne ne lui a demandé son avis, à lui non plus. Et parce que tu as une terminale S à faire, je te signale.
25 – C'est toujours les études avec toi, hein ? C'est pas les études qui m'écouteront raconter ma journée. Qui me souhaiteront mon anniversaire. Qui prendront soin de moi quand je serai malade. Les études, elles me feront une belle jambe quand je me retrouverai toute seule.

Au Fouta, la conversation s'était poursuivie, cet après-midi-là, sur les nattes posées à même la terre battue. Il y avait dans

---

1 **relayer** *ici* : faire suivre – 2 **entériner une décision** l'approuver officiellement, la confirmer – 6 **éprouver** ressentir – 8 **une cruche** Krug – 9 **le gras** Fett – 10 **tentant** *ici* : excitant – 18 **on ne t'a pas sonné** *fam* on ne t'a pas demandé ton avis – 18 **asséner** *ici* : répondre durement – 28 **ça me fait une belle jambe !** *expr fam* ça ne sert à rien !

la pièce une tante qui avait conseillé Khadidja sur la façon de
vivre en harmonie avec ses co-épouses. Il ne fallait pas fatiguer
5 son mari avec des histoires de rivalités féminines, sauf quand
la mise était de taille. Les enjeux fondamentaux étaient :
posséder sa propre maison en parpaing, avec un sol en béton ;
faire installer dans la mesure du possible l'électricité, puis se
faire offrir en mains propres un poste de télévision, et garder
10 la main-mise dessus ; ne jamais transiger sur les dépenses
engagées dans les fêtes de circoncision de ses fils ; doter ses
filles pour leur propre mariage ; s'assurer des vieux jours
tranquilles par des enfants prospères.

Dado avait un vague souvenir d'inquiétudes qu'auraient
15 exprimées sa sœur, dans le huis clos de cette pièce pleine de
femmes. Mais elle ne s'en était pas émue : tout était si normal,
et si confortable pour elle, qui rêvassait paisiblement dans son
coin à l'uniforme bleu qu'elle arborerait à la rentrée sur les
avenues de Dakar.

20 Dado reprit :

– Tu ne seras pas toute seule. Tu auras des gens pour te
soutenir dans tes choix. Tu m'auras, moi.

– L'autre naine, là, dit Awa en désignant à nouveau Ernestine,
elle a été conçue gratos. Elle n'est pas là pour payer les dettes
25 de voyage, comme moi, ou pour devenir l'intellectuelle qui
envoie de l'argent à tout le village, comme toi. Elle, elle peut
continuer ses rêves de pin-up peinarde. Elle n'a pas un job de
naissance.

Awa posa ses pieds sur le bord plastifié du fauteuil, rentra les
30 épaules, enserra ses jambes dans ses bras et se mit à sangloter.

Amayel rampa sur sa couverture pour lui tendre sa girafe
trempée – un geste fou, la girafe étant ce qu'elle avait de

---

2 **une natte** une sorte de tapis – 2 **la terre battue** gestampfter Boden – 6 **une mise**
ici : das, was auf dem Spiel steht, Einsatz – 6 **fondamental** principal – 7 **le parpaing**
[paʀpɛ̃] Leichtbaustein – 9 **en mains propres** *fpl* directement de la main (de la
personne qui donne) à la main (de la personne qui reçoit) – 10 **la mainmise** *ici :* la
propriété, le contrôle – 10 **transiger** faire un compromis, *ici :* vouloir réduire – 11 **une
circoncision** Beschneidung – 11 **doter** → une dot p. 46 – 15 **un huis clos** un espace
fermé – 18 **arborer** porter fièrement – 23 **un nain** Zwerg – 24 **concevoir un enfant** faire
un enfant – 24 **gratos** [gʀatɔs] *fam* gratuitement – 24 **une dette** Schuld

plus cher au monde – puis se rassit et se remit à sucer vigoureusement ses pieds.

5 Ernestine était perplexe. Elle essaya de visualiser sa sœur en robe de mariée. Puis, une toute petite seconde, sa pensée bondit vers des images de son propre mariage avec Jacob, qui porterait un nœud papillon pour l'occasion. En voyant sa sœur
10 pleurer, elle se promit qu'elle serait celle qui la sortirait de là. Si ensuite, pour une raison ou pour une autre, sa carrière d'actrice ne lui donnait pas satisfaction, elle pourrait se lancer dans la diplomatie et obtenir le prix Nobel de la paix, une très jolie cérémonie qu'elle avait vue à la télé et où, comme à Cannes, on pouvait mettre une robe qui traîne par terre.

15 – Je ne veux pas, dit Awa de la voix neutre et lente qui émerge quand on contrôle ses pleurs, je ne veux pas avoir trente-quatre ans, comme toi, et être une vieille fille desséchée qui fait honte à sa famille.

Dado accusa le coup.

20 – Tu as seize ans, je te signale : tu as toute la vie devant toi. Et moi, je suis peut-être une vieille fille, mais je suis libre, et ça n'a pas de prix.

– Elle sent la naphtaline, ta liberté. Regarde-toi, avec tes champignons, bientôt tu les emmèneras en voyage et tu
25 colleras leur photo sur tes albums de vacances…

Awa s'empara des boîtes de culture posées sur le bureau devant elle en criant les noms notés au marqueur sur le couvercle :

– … Dado et *Aspergillus* à New York, en amoureux devant les
30 gratte-ciel… Une brochette de *Candida* qui se dorent sur la plage … Les dermatophytes sur la muraille de Chine…

Elle jeta une à une les boîtes autour du bébé qui sursauta et arrêta de sucer ses pieds. Awa l'attrapa sous les aisselles, rassembla les affaires éparpillées, fit un signe de tête autoritaire

---

2 **trempé** triefnass – 3 **le plus cher au monde** *ici :* das Kostbarste – 3 **sucer** → la succion p. 17 – 8 **un nœud papillon** Fliege – 19 **accuser le coup** avoir une réaction qui montre qu'on est blessé par un commentaire – 26 **s'emparer de qc** prendre qc – 30 **un gratte-ciel** un immeuble très haut – 30 **une brochette** *ici :* Schwung

à Ernestine pour qu'elle descende de son perchoir et la poussa
5   dehors.
Par la fenêtre découpée de petits carreaux comme une vitre
d'école, Dado les vit avancer, la grande marchant d'un pas
décidé, le bébé calme et un peu ahuri calé au creux de son bras,
la petite trottant pour ne pas se laisser distancer ; elle les suivit
10   des yeux jusqu'à l'arrêt de bus et vit la girafe tomber en chemin.
Dado goba un comprimé censé stopper la marche
migraineuse qui envahissait la partie gauche de sa boîte
crânienne, puis elle laissa un message sur le portable
15   d'Aminata pour lui dire que sa tribu avait regagné ses pénates.

---

3 **éparpillé** posé un peu partout – 4 **un perchoir** → être perché p. 12 – 8 **ahuri** surpris –
12 **gober** avaler – 12 **censé faire qc** *ici :* dont le rôle est de faire qc – 13 **envahir un lieu**
en prendre possession – 13 **la boîte crânienne** Schädelhöhle – 15 **regagner ses pénates**
mpl fam rentrer chez soi

Chapitre 8

Dado revint à son microscope, photographia le cryptocoque joufflu qui apparaissait dans la loupe et brancha un câble à son ordinateur pour insérer l'image dans son article. Il lui
5 restait quelques heures pour réduire le nombre de caractères et envoyer la version finale à une prestigieuse revue scientifique. Elle hésita, puis pianota sur son moteur de recherche et ouvrit le site web du lycée de Villepinte. Il était certifié aux normes ISO, primé par le ministère de l'Éducation nationale.
10 Sur la page d'accueil, un proviseur détendu, sa veste négligemment jetée sur l'épaule, discutait au soleil au milieu d'un groupe d'adolescents aux mines très réjouies. Pur mensonge. Il y avait rarement du soleil dans la cour du lycée de Villepinte, et jamais d'adolescents aux mines très réjouies.
15 Dado tapa 1re *S4* et la page s'ouvrit sur de vrais ados aux visages blasés pris en photo sous un néon. Dans la rubrique « communiquer avec le corps enseignant », elle trouva :

```
Professeur Principal – matière :
français / lettres
```
20 ```
m.merindol@collège_lycée-villepinte.com
```

Dado se représenta la prof de français comme une femme entre deux âges, infligeant d'année en année les mêmes explications de texte à des élèves affligés de brusques variations hormonales. Elle l'imagina chargée d'une pile de
25 copies, rentrant régenter une famille nombreuse aux côtés d'un mari moustachu. M comme Michèle, Madeleine ou Monique.

---

**7 un moteur de recherche** *f* Suchmaschine – **9 ISO** *abrév de* International Standardizing Organization – **10 un proviseur** un directeur – **10 détendu** relax – **11 négligemment** [negliӡamã] *ici :* lässig – **12 réjoui** joyeux – **13 un mensonge** → mentir – **22 infliger qc à qn** *ici :* obliger qn à faire qc – **23 affligé de** souffrant de – **25 régenter** gouverner, administrer
```

Dado ouvrit son courrier électronique et écrivit :

de : dado.bocoum@INSERM.org
à : m.merindol@collège_lycée-villepinte.com

Chère Madame,

5   Je me permets d'attirer votre attention sur
la situation particulièrement préoccupante
de ma nièce, Awa Bocoum, élève de votre
classe de 1re S4.
Dans le cadre d'une histoire familiale
10 qui met en jeu des traditions et un code
d'honneur dont je vous épargne le détail,
un projet de mariage a été élaboré par ses
parents et ma nièce sera difficilement en
position de le refuser.
15 L'union est prévue au début de l'été dans
notre région d'origine. Il est probable que
ma nièce sera ensuite amenée à résider dans
le village de son époux, où elle ne pourra
pas poursuivre ses études.
20 À aucun moment, elle ne pourra exercer son
libre-arbitre.
Elle n'aura pas la possibilité de jouir
d'une éducation forgeant un esprit libre et
d'accéder à l'autonomie financière.
25 C'est pourquoi je sollicite de l'Éducation
nationale, garante à mes yeux de ces droits
fondamentaux, l'aide nécessaire pour
soustraire ma nièce à une vie qu'elle n'a
pas choisie.

---

6 **préoccupant** inquiétant – 11 **épargner** *ici :* ersparen – 21 **le libre-arbitre** freier Wille –
22 **jouir de qc** etw genießen – 23 **forger** créer, former – 25 **solliciter qc** demander
officiellement qc – 26 **la garante de qc** la personne / l'institution dont le rôle est de
protéger qc, qui est responsable de qc – 28 **soustraire** enlever

```
Je vous prie de croire, chère Madame, en
l'assurance de mes sentiments distingués.

Dado Bocoum
Docteur en mycologie fondamentale
```

5 Dado envoya le mail. Elle rouvrit ensuite son article qu'elle
rogna jusqu'à tomber sur les quatre mille caractères requis,
l'expédia aux États-Unis et mit son patron en copie. Il était
23 h 34 en bas à droite de son écran. Elle se leva et alla changer
les milieux de culture de ses champignons filamenteux, les
10 *Aspergillus fumigatus.*
    Elle descendit ensuite récupérer la girafe dans la rue.
    Puis elle revint à son ordinateur, calcula le décalage horaire
avec New York et actualisa son courrier électronique. Les
rédacteurs du *New England* n'avaient pas accusé réception,
15 mais sa boîte contenait un nouveau mail :

```
de : m.merindol@collège_lycée-villepinte.
com
à : dado.bocum@INSERM.org

Cher Monsieur,
```

20
```
Je prends connaissance à l'instant des
informations dont je vous remercie de
me faire part et qui sont, comme vous
l'écrivez, préoccupantes.
Outre la question du libre-arbitre que vous
```
25
```
soulevez très justement, il y a, de mon
point de vue de professeur, un enjeu lié aux
capacités d'Awa, une excellente élève qui a
```

---

6 **rogner** réduire, raccourcir – 6 **requis** demandé – 7 **un patron** un chef – 9 **un milieu de culture** *bio* Nährlösung – 9 **filamenteux** faserig – 14 **accuser réception d'un mail** confirmer qu'on a bien reçu un mail – 22 **faire part de qc** communiquer qc – 27 **la capacité** ce dont qn est capable

```
     les aptitudes requises pour poursuivre des
     études supérieures brillantes.
     Je n'ai pas ici mon agenda professionnel
     mais il me semble important que nous nous
5    rencontrions rapidement pour en discuter
     de vive voix. La secrétaire pédagogique
     vous contactera demain aux coordonnées
     mentionnées sur le mail pour fixer un
     rendez-vous.
10   En vous remerciant pour votre confiance,
     je vous prie de croire, Monsieur le
     Docteur, en l'expression de ma plus haute
     considération.

     M. Mérindol
```

15 Dado fronça les sourcils en voyant qu'on lui donnait du « Cher Monsieur ». Elle trouva le reste du message sympathique et intelligent et modifia son image de la prof de français : puisqu'elle lisait ses mails à minuit, elle avait probablement un bébé à qui elle venait de réchauffer un biberon nocturne. Elle

20 la rajeunit dans sa tête, lui fit poser le mouflet dans son berceau et la recoucha mentalement à côté de son mari moustachu. Plutôt M comme Marianne, Mathilde, ou Margaux.

Puis elle sentit une grande vague de solitude lui tomber dessus. Elle s'était disputée avec Aminata. Elle s'était disputée

25 avec Awa. Elle se disputerait bientôt avec son frère. La seule évocation de toutes ces disputes l'épuisa.

Elle éteignit son microscope, son ordinateur, les néons du laboratoire, et rentra se coucher, la migraine toujours ancrée sous son scalp.

---

1 **une aptitude** une capacité – 7 **les coordonnées** *fpl* **de qn** son adresse, numéro de téléphone etc. – 19 **nocturne** → la nuit – 20 **un mouflet** *fam* un bébé – 20 **un berceau** un lit pour bébé – 26 **épuiser qn** fatiguer beaucoup qn – 28 **ancré** verankert

Le lendemain, en fin d'après-midi, Dado franchit les portes du lycée. Elle demanda la salle des professeurs à la loge et traversa la cour pour atteindre le bâtiment qu'on lui avait indiqué.

Elle avait reçu un message sur son répondeur de l'INSERM
5 et elle avait entendu : « Marcelle Mérindol peut vous recevoir ce soir ou demain en salle des professeurs à partir de dix-huit heures. » Elle avait alors réactualisé son portrait mental de la prof d'Awa, qui portait maintenant un chignon délavé, approchait de la retraite et pouvait bien passer ses soirées
10 sur internet : ses enfants avaient quitté la maison et son mari moustachu avait troqué la vieille Marcelle contre, disons, une Jennifer.

Dado monta l'escalier, suivit la lumière filtrée par une porte vitrée et entra dans la salle des profs. Deux hommes d'une
15 trentaine d'années, en jeans et vestes de cuir, attendaient devant la machine à café vrombissante que leurs gobelets se remplissent. L'un montrait à l'autre la nouvelle application qu'il avait installée sur son smartphone.

Autour de la table circulaire jonchée de copies : personne.
20 Pas de Marcelle.

Dado avait peu dormi et s'était réveillée nauséeuse. Un vent de découragement lui traversa les os.

– Un café ? proposa le plus avenant des deux profs en lui tendant son gobelet, ce que Dado interpréta comme une façon
25 polie de lui demander ce qu'elle foutait là.

– Non, merci. J'avais rendez-vous avec Marcelle Mérindol mais, de toute évidence, elle n'est pas là. On s'est parlé par personne interposée. Il a dû y avoir un malentendu. Je... Bonsoir.
30 Le type au gobelet leva un sourcil et la retint par le coude.

– Heu... je *suis* Marcel Mérindol.

---

4 **un répondeur** Anrufbeantworter – 8 **délavé** *ici :* gris-blanc – 9 **la retraite** Ruhestand – 11 **troquer** échanger – 16 **vrombissant** qui fait un bruit fort – 16 **un gobelet** une tasse en plastique – 19 **circulaire** rond – 19 **jonché de** plein de – 21 **nauséeux** qui ne se sent pas bien – 22 **un os** [ɔs] Knochen – 23 **avenant** charmant, ouvert – 28 **un malentendu** le fait de s'être mal compris

Il avait les yeux verts. Elle le fixa d'un air idiot. Mais il était mal rasé. Reprends-toi, ma fille, lui intima la voix de sa raison.

Il poursuivit :

– La secrétaire pédagogique a dû faire une confusion.
5 J'attends un autre rendez-vous qui devrait arriver d'un instant à l'autre. Vous êtes la mère d'un élève ?

Le second prof rangea son portable, attrapa son casque et tapa sur l'épaule de son collègue avant de quitter la pièce.

– Non. Je suis la tante d'Awa Bocoum. 1re S4.
10 Une large surprise s'étala sur le visage de Marcel Mérindol.

– Dado Bocoum, comprit-il enfin.

– Marcel Mérindol, admit Dado en lui serrant la main.

Elle accepta finalement un gobelet de café.

– J'avais imaginé une dame d'un certain âge, s'excusa
15 Dado. « Marcelle », heu, ça sonnait un peu vieux jeu. Enfin au féminin. Ce prénom, c'est à cause de Proust ?

– Non. De Pagnol. Mon père était fan de *La Gloire de mon père* quand il était enfant. La famille est d'origine provençale. Il s'est identifié.
20 – Je comprends.

– Notez que ça aurait pu être pire. Ma mère préférait *Le Château de ma mère*, le deuxième volet des souvenirs d'enfance de Pagnol. Donc ils s'étaient mis d'accord pour m'appeler Augustine si j'étais une fille.
25 – Augustine ?

– C'est le prénom de la mère de Pagnol. Mais parlez-moi d'Awa, plutôt.

Ils s'assirent autour de la table et Dado avala une gorgée de café.
30 – Mon frère et son épouse sont venus en France en 1994. C'est un cousin qui a financé les faux visas de travail. Ma belle-sœur était enceinte quand ils sont partis ; ils ont promis leur première fille au fils aîné du cousin. J'avais quinze ans à

---

2 **se reprendre** *ici* : sich wieder fangen – 22 **un volet** *ici* : une partie, un épisode –
32 **être enceinte** attendre un bébé

56

l'époque, j'étais au lycée à Dakar, et personne n'a jamais pris la peine de me parler de cette histoire jusqu'à la semaine dernière. Mais je peux vous dire que c'est une parole très compliquée à rétracter, quoi qu'on puisse imaginer avec nos
5 schémas occidentaux.

Marcel Mérindol se baissa, attrapa une sacoche aux coins racornis qui traînait à ses pieds et en extirpa une liasse de documents qu'il étala devant lui.

– J'ai fait une recherche auprès du rectorat, annonca-t-il en
10 fourrageant dans la pile de papiers. Tout d'abord, ce que nous devons garder en tête, c'est que depuis la nouvelle loi, une fille n'a pas le droit de se marier avant dix-huit ans. Et Awa n'a que seize ans.

– Oui, mais elle a la double nationalité. La loi est différente
15 là-bas. Il suffit qu'elle se marie au Sénégal, qu'elle y reste, et dans deux ans, ils pourront faire reconnaître l'union à l'ambassade de France.

– Mais comme elle est en France, qu'elle réside ici, elle est protégée en tant que mineure. Qu'elle soit aussi sénégalaise
20 ne change rien. Et même si elle avait plus de dix-huit ans, on pourrait la protéger... je crois que... mm... oui, marmonna Marcel en brandissant un imprimé. Il reprit son élégante diction de professeur de français : Nous avons donc plusieurs procédures légales à suivre pour empêcher ce mariage, qui se
25 ferait contre sa volonté – n'est-ce pas ?

Il leva les yeux vers Dado, qui opina du chef.

– Alors, il y a d'abord le signalement à la Cellule de Recueil des Informations Préoccupantes, la CRIP...

---

2 **prendre la peine de faire qc** faire l'effort de faire qc – 3 **une parole** *ici :* une promesse – 4 **rétracter** *ici : ǂ* garder – 7 **une liasse** Bündel – 8 **étaler** ausbreiten – 9 **le rectorat** Oberschulamt – 10 **fourrager dans qc** chercher dans qc – 22 **un imprimé** un papier – 24 **empêcher** verhindern – 25 **la volonté** → vouloir – 26 **opiner du chef** faire oui de la tête – 27 **un signalement** *ici :* le fait d'informer – 27 **une cellule** *ici :* une organisation – 27 **le recueil** *ici :* Aufnehmen – 28 **la CRIP** service de protection des enfants

Dado imagina avec horreur un camion de la brigade des mineurs débouler, sirènes hurlantes et gyrophare fendant la nuit, sur la dalle de Villepinte. Elle vit les policiers fracasser la porte de l'appartement des Bocoum, s'emparer d'Awa,
5 la boucler dans une Cellule de Recueil de Jeunes Filles Préoccupantes. Attraper les parents et les jeter dans une Cellule de Recueil de Parents Préoccupants. Elle interrompit le flot de Paroles Préoccupantes :
   – Il y a une autre solution ?
10 Marcel Mérindol jeta un coup d'œil à ses notes et se passa les doigts dans ses cheveux. De profil, remarqua Dado, les fossettes au coin de ses lèvres lui donnaient un petit air de Johnny Depp. En moins pirate. Elle s'aperçut qu'elle souriait et trouva ça complètement déplacé.
15 – Oui. Le signalement au Procureur de la République.
   – C'est la même chose, non ?
   – Pas tout à fait, précisa Marcel. Les conséquences, en revanche, sont les mêmes, oui. Mais quelle que soit la solution qu'on choisit, ça ne nous empêche pas de tenter aussi une
20 médiation auprès des parents. Et il faudrait qu'Awa récupère son passeport et vous le confie, pour qu'elle ne puisse pas prendre l'avion. Il jeta un coup d'œil à son poignet. 6 h 20. À cette heure-ci, Awa est peut-être au CDI. Ce serait légitime d'en parler avec elle, non ?
25 La langue de Dado claqua contre ses dents serrées et elle secoua la tête, ce que Marcel traduisit fort justement par : même pas la peine d'essayer. De fait :
   – Elle ne sera JAMAIS d'accord.
   – Pourtant, plaida Marcel en se grattant la tête, si on lui
30 explique ses droits…

---

1 **la brigade des mineurs** *mpl* un département de la police chargé de la protection des enfants – 2 **débouler** *fam* arriver – 2 **un gyrophare** *ici :* la lumière bleue sur les voitures de police – 5 **boucler qn** *fam* enfermer qn – 5 **une cellule** *ici :* Zelle – 7 **un flot de paroles** *fpl* Wortschwall – 12 **une fossette** Grübchen – 15 **le Procureur de la République** Oberstaatsanwalt – 17 **en revanche** par contre – 20 **une médiation** *ici :* Vermittlung – 29 **se gratter qc** sich (an) etw kratzen

Dado coupa court d'un geste de la main.

– Chez nous, ces choses-là ne se font pas. Comme ça ne se fait pas de briser une promesse, de déshonorer une famille. Je ne peux pas leur faire ça. Awa non plus.

5 – Mais *moi*, je peux. En tant qu'enseignant, responsable d'Awa. Maintenant que je suis au courant de la situation, je suis obligé de faire un signalement. C'est ma responsabilité.

– Sérieusement, vous imaginez la brigade des mineurs débarquer dans l'appartement ? Ils emmèneraient les parents 10 en prison ? C'est ça ? Qu'est-ce qu'on ferait des enfants, du bébé ? Et eux, qu'est-ce qu'ils penseraient ? Mis en prison sur demande de leur propre fille ? Non, vraiment, ce n'est pas la solution. Je dois essayer de parler à mon frère.

– Parlez-lui, fit Marcel alors que Dado se levait pour partir. 15 Parlez-lui mais si d'ici quelques jours rien n'a avancé, je lancerai le signalement. Je vous préviendrai d'abord, mais...

– Ne faites rien pour l'instant. Je vous tiens au courant.

Marcel Mérindol la regarda descendre l'escalier. Ensuite, il jeta son gobelet, sortit une pile de commentaires de texte de sa 20 sacoche et s'attaqua à la première copie dans la pièce vide. Il relut l'intitulé qu'il avait proposé à ses classes de 1re, recopié par l'élève à l'encre noire :

Commentez les premiers vers de La Prose du Transsibérien et de la petite Jeanne de France, *poème que Frédéric Sauser, alias* 25 *Blaise Cendrars, écrivit à Paris en 1913 :*
« En ce temps-là, j'étais en mon adolescence
J'avais à peine seize ans et je ne me souvenais déjà plus de mon enfance
J'étais à 16 000 lieues du lieu de ma naissance »

---

3 **briser** casser, *ici :* ≠ tenir – 16 **prévenir** informer – 21 **un intitulé** *ici :* la consigne, le sujet d'examen – 22 **l'encre** *f* Tinte – 29 **une lieue** Meile

La même écriture ronde égrainait ensuite un commentaire poussif sur deux copies doubles :

Blaise Cendras est célèbre par son regard acéré de poète voyageur, dont l'un de ses meilleurs chef-d'œuvre, La Prose du
5 Transsibérien, *l'avait fait connaître dans les milieux parisiens de l'avant-guerre comme un leader incontesté des longs vers libres qu'il ne reniera jamais.*

Marcel se gratta la tempe, chaussa ses lunettes, sortit un stylo rouge de son cartable.

10 En s'attaquant au paragraphe suivant, il s'aperçut qu'au style poussif s'ajoutait un contenu rabat-joie.

Dans cette diatribe longue car elle fait dix-neuf pages dans l'édition de poche, Cendrars nous donne un aperçu qu'il a déjà voyagé dans beaucoup de pays, malgré son âge de seize ans et en
15 *tenant compte de l'absence d'avions à cette époque reculée.*

Marcel Mérindol, en ce soir de printemps solitaire, avait une irritation du cuir chevelu : ces plaques le grattaient et desquamaient en une fine couche de pellicules. Il ne pouvait pas se farcir, d'entrée de jeu, une deuxième copie du même
20 acabit. Il parcourut donc la pile et chercha mécaniquement, dans la marge, le nom d'un bon élève, quelqu'un dont les idées pourraient le remotiver en attendant l'heure décente de rentrer se faire livrer des sushis. Il tomba sur BOCOUM Awa et s'empressa de parcourir le texte. Il était curieux, brusquement,
25 de ce que cette élève en particulier pourrait avoir à dire sur le sujet.

Blaise Cendrars est un voyageur : il a ce privilège de ceux qui savent à quel endroit ils appartiennent. Il peut s'offrir le luxe

---

1 **égrainer** *ici :* produire – 2 **poussif** *ici : fam* écrit avec difficulté , sans inspiration –
3 **acéré** scharf – 4 **un chef-d'œuvre** Meisterwerk – 6 **incontesté** → contester p. 26 –
7 **renier** (ver)leugnen – 8 **la tempe** Schläfe – 12 **une diatribe** une satire, une critique –
13 **un aperçu** kurzer Überblick – 15 **reculé** *pour une époque :* passé(e) depuis
longtemps – 17 **une plaque** *ici :* une zone de peau – 18 **desquamer** [dɛskwame] sich
schälen – 18 **des pellicules** *fpl ici :* Schuppen – 19 **se farcir qc** *fam* devoir faire qc de
désagréable – 19 **d'entrée** *f* **de jeu** *m* dès le début – 20 **du même acabit** du même
genre – 23 **livrer** liefern

d'oublier son enfance, de changer de nom. Il sait, en s'éloignant du lieu de sa naissance, qu'en nanti toujours en ce pays il reviendra, enfant prodigue, enfant chéri, et qu'il retrouvera immédiatement, intact, son sentiment d'appartenance.

5   *Ceux qui ont été conçus quelque part, qu'on a arraché à leur terre d'origine avant qu'ils puissent faire connaissance avec leur environnement, qu'on a élevé dans la contradiction des cultures superposées ; ceux dont on dispose, qu'on envoie là où on a décidé pour eux qu'ils doivent être : ceux là ne pourront jamais*

10 *voyager. Ce sont des éternels expatriés. Ce sont des malheureux. Comme on dit : ce sont des âmes en peine.*

---

2 **un nanti** une personne riche – 3 **l'enfant prodigue** *m rel* der verlorene Sohn –
5 **arracher** prendre avec violence – 7 **une contradiction** Widerspruch – 8 **disposer de qc/qn** über etw/jdn verfügen – 10 **un expatrié** un émigré – 11 **une âme en peine** verlorene Seele

Chapitre 9

Ce jour là, Agathe admit qu'une partie de ses taches de rousseur étaient en réalité liée un problème d'acné. Les boutons étaient majoritairement situés sur la partie gauche de
5 son visage. Elle les camoufla sous de petits tas d'anti-cernes puis demanda à Awa de prendre en photo son profil droit – plus avantageux – sous une lumière tamisée.

Elle brancha ensuite le câble de l'appareil photo à l'ordinateur, se connecta sur Facebook et posta le portrait pour
10 illustrer sa page. Elle envoya en même temps le statut suivant à ses 346 amis (elle en connaissait en réalité 194, dont dix-huit étaient des cousins) :

    Agathe révise l'oral de français avec Awa.

Ce qui n'était pas tout à fait vrai. Elles s'étaient effectivement
15 mises en condition : elles avaient rassemblé leurs fiches, sorti les classeurs de cours, le recueil de Baudelaire et les stabilos ; puis Agathe avait pris une grosse voix d'examinateur pour interroger Awa sur les contradictions de la nature humaine telles qu'elles apparaissent dans *Les Fleurs du mal*.
20 Mais Awa avait fondu en larmes. Les poètes romantiques lui sortaient par les trous de nez. Ça ne servait à rien de continuer à apprendre des phrases alambiquées sur le spleen si c'était pour passer le reste de sa vie avec un inconnu dans un bled lointain.
25 Elles avaient rebouché les stabilos et forgé des plans de bataille.

– Et si, disait Agathe en lisant les messages apparus sur son mur, si tu fuguais juste avant ton départ pour nous rejoindre

---

5 **camoufler** cacher – 5 **un anti-cernes** Grundierung gegen dunkle Augenringe –
7 **tamisé** *ici :* gedämpft – 21 **ça me sort par les trous** *mpl* **de nez** *m fam* ça m'agace
vraiment, ça m'énerve – 22 **alambiqué** compliqué – 22 **le spleen** *angl* la mélancolie –
23 **un bled** [blɛd] *fam* un village – 28 **fuguer** *fam pour un ado :* partir et ne pas rentrer
à la maison

à Oléron ? Je suis sûre qu'on peut expliquer la situation à mes parents. Ils sont allés à la manif pour l'adoption par les homosexuels. Ils peuvent comprendre.

– Quel est le rapport avec l'adoption par les homosexuels ?

5 – C'est qu'ils sont ouverts. Ils disent qu'ils sont progressistes.

– Ah ouais. Et après ? Mettons que je passe les vacances à Oléron : après, qu'est ce que je fais ?

Les taches de rousseur s'étaient illuminées.

– Tu viens vivre à la maison. On transforme le bureau de ma
10 mère en chambre. On révise le bac ensemble. Ensuite on part toutes les deux à Paris pour faire une classe prépa et on partage une chambre de bonne.

Awa avait secoué la tête.

– Tu rêves. Mes parents me retrouveraient et je vais te dire le
15 pire : ils n'essayeraient même pas de me récupérer. Je les aurais déshonorés. Je pourrais croiser mon père dans la rue sans qu'il me regarde et ma mère changerait de rayon à Carrefour pour montrer qu'elle n'a plus rien à voir avec moi. Ils interdiraient aux petits de me parler. Je serais morte. Et puis je suis mineure :
20 je n'aurais jamais d'autorisation pour rien. Je ne pourrais pas faire le voyage à Madrid avec la classe d'espagnol. Je ne sais même pas si j'aurais le droit de m'inscrire au bac. Je n'aurais pas de quoi payer la cantine, le RER, le matériel de rentrée. Je n'aurais pas de quoi manger, et je finirais par faire le tapin pour
25 vivre, ce qui est pire qu'un mariage. Laisse tomber.

Agathe mâchonnait un marqueur en silence. Elle finit par demander :

– Et lui ?

– Quoi, lui ?

30 – Ton cousin. Il est comment ?

---

2 **une manif** *abrév de* manifestation – 8 **s'illuminer** glänzen – 11 **une classe prépa** une classe préparatoire aux grandes écoles (directement après le bac) – 12 **une chambre de bonne** *f* une toute petite chambre sous les toits (**une bonne** Dienstmädchen) – 17 **un rayon** *ici :* Abteilung – 22 **s'inscrire** sich anmelden – 24 **faire le tapin** *fam* gagner de l'argent en se prostituant – 26 **mâchonner qc** an etw kauen

L'ordinateur émit un couinement pour signaler la réception d'un nouveau message. Une fille de leur classe avait posté :

```
Iris ne comprend rien à Montaigne.
```

Awa haussa les épaules.

5 – Je ne l'ai jamais vu.

– Tu connais son nom ?

– Ouais. Malick. Malick Beytôvo Bocoum.

– C'est un vieux ?

– À fond. Un vieillard faisandé qui marche à travers un village
10 dépeuplé en écartant les jambes pour trouver son équilibre. Et qui a une poliomyélite. Et qui bave parce qu'il n'a plus de dents.

– Sérieux ? fit Agathe, accablée.

– Non. C'était pour approfondir ton cliché. Ma mère s'est
15 renseignée : il a vingt ans, il vit dans une ville qui s'appelle Saint-Louis et il bosse dans un cyber café. Il paraît que c'est un geek.

Nouveau couinement. Un commentaire s'afficha sous le message d'Iris :

20
```
Léonard pense que Montaigne a écrit Les
Essais exprès pour pourrir la vie des
générations futures. Par pur sadisme.
```

Agathe réfléchissait, le stabilo entre les dents.

– Si c'est un geek… il doit être sur Facebook.

25 Awa secoua la tête.

– Je ne sais pas si ça existe au Sénégal. Même dans une grande ville.

– On peut essayer.

Elle posa l'ordinateur sur ses genoux et Awa lui épela le nom
30 à rentrer dans la rubrique « Rechercher des amis ».

---

1 **un couinement** → couiner p. 20 – 9 **faisandé** *ici :* am Verfaulen – 10 **dépeuplé** où il n'y a personne – 11 **la poliomyélite** spinale Kinderlähmung – 13 **accablé** *ici :* bestürzt – 21 **pourrir** *ici : fam* rendre plus difficile – 29 **épeler un mot** dire chaque lettre qui compose un mot

Le profil suivant apparut à l'écran :

```
Malick Beytovo Bocoum
Né le 13 décembre 1990 (21 ans)
Statut relationnel : célibataire
Études : lycée et débrouille
Employeur : cyber café l'Hippopotame
Connecté
Adresse mail : malickzeboss@gmail.com
```

Sur la photo en haut à gauche du profil, Malick posait devant
un manguier au feuillage touffu qui ressemblait à un bouquet
de basilic géant. Dans son album, on le voyait torse nu sur une
lagune, puis perché sur le podium d'une boîte de nuit, et enfin
poings en avant sur un ring de boxe.

Agathe gloussa.

– Il est pas mal.

– Ben voyons. Malick ze boss, ze mari parfait. Je cours
à l'instant à Saint-Louis arbitrer son prochain combat. Je
l'attendrai près du ring pour lui sécher le dos. Je serai au pied
du podium et je scanderai son nom avec toutes les filles de la
boîte de nuit. Je ne sais pas ce que je fais encore ici.

– Ce que tu peux être raide, quand même.

– Non mais tu le vois marié avec qui que ce soit, ce type ?
Franchement ?

– Écris-lui.

Awa grogna quelque chose qui s'apparentait à un refus.

– Mais si ! C'est vous les principaux intéressés dans cette
histoire de mariage, non ? Et tu l'as dit toi-même : tu ne le vois
pas du tout marié. Et s'il ne veut pas se marier, Awa, ce type est
ton allié.

Nouveau grognement, un peu moins catégorique.

– Mets-toi à sa place. Il se prend pour un beau gosse. Il a un
boulot, il gagne un peu de fric, il fait la fête, il a ses potes. D'un

---

10 **un bouquet** *ici :* Bund – 11 **torse nu** mit nacktem Oberkörper – 12 **une boîte de
nuit** *fam* une discothèque – 13 **un poing** Faust – 17 **arbitrer un match** bei einem Spiel
Schiedsrichter sein – 19 **scander** *ici :* crier – 21 **raide** *ici : fam* ≠ drôle – 25 **grogner**
murren – 25 **s'apparenter à** ressembler à

coup, il doit renoncer à tout ça pour se marier avec une fille tombée d'un avion et vivre avec elle dans un village de brousse. C'est clair : il n'est pas d'accord.

Agathe cliqua sur « écrire un message » et fourgua
5 l'ordinateur entre les mains d'Awa. Puis elle se plongea dans un commentaire de texte de Verlaine, qu'elle lut quatre fois de suite avec une attention soutenue.

– C'est fait, déclara sobrement Awa en repoussant l'ordinateur. Et comme il n'y a pas d'événement dramatique
10 prévu pour toi dans les prochains mois, je vais faire l'examinateur. Donne-moi la liste de textes... « Mademoiselle, je vois que vous avez étudié *Antigone* d'Anouilh »...

– Laisse tomber le théâtre antique, je n'ai rien lu.

– Ça tombe bien, il n'y a pas de théâtre antique au
15 programme. Anouilh, c'est au XXe siècle. Et les révisions, tu comptes commencer quand ?

– Je procède par ordre. Et dans l'ordre, j'en suis aux poètes maudits.

– Prends Antigone et débrouille-toi avec ce que Mérindol a
20 raconté en cours.

L'ordinateur couina.

– T'as entendu ? Il y a un message.

– N'essaie pas de détourner mon attention. Ça doit être un blaireau qui poste « Le bac français a été créé pour rendre les
25 jeunes alcooliques » ou un truc du genre.

Nouveau couinement. Agathe toucha la souris, l'écran s'alluma. Il y avait simplement écrit :

```
Bonjour Agathe, je ne sais pas qui tu es,
sinon une jolie rousse.
30  J'ai reçu un message d'Awa envoyé depuis
ton profil. Je voudrais lui répondre quelque
chose de personnel et je ne la trouve pas
```

1 **renoncer à qc** auf etw verzichten – 7 **avec une attention soutenue** avec une grande concentration – 18 **maudit** *ici* : verfemt – 24 **un blaireau** *ici* : *fam* un idiot

```
dans tes amis. Aurais-tu la gentillesse de
m'envoyer son adresse mail ?
Merci. À plus. Malick.
```

Agathe tapa à toute vitesse la réponse et Awa se connecta à sa
5 messagerie gmail.

Les deux filles retinrent leur souffle.

Un instant plus tard, un message apparut en gras dans la
boîte de réception.

```
De : Malickzeboss@gmail.com
10  A : Awa.bocoum@gmail.com

Salut Cousine,
Je ne sais pas trop si c'est comme ça que
je dois t'appeler. Je dois t'avouer que ça
m'a fait un drôle d'effet de recevoir un
15  mail de toi ; mais ce qui me surprend le
plus, c'est que je ne te retrouve pas sur
Facebook. Note, tu as peut être un pseudo.
Mais sinon, qu'on puisse vivre dans un
pays où il n'y a pas de délestage et rester
20  anonyme sur la toile, je trouve ça fou.
Je t'envoie déjà ça avant que ça coupe ici.
Bonjour à toi et à ta copine.
```

Les deux filles se regardèrent. Elles cherchèrent « délestage »
dans le dictionnaire et établirent que c'était une coupure de
25 courant. Puis Agathe alla vérifier dans le miroir en pied du
placard de sa mère à quoi ressemblait une jolie rousse. Quand
elle revint, Awa lisait le message suivant :

17 **un pseudo** *abrév de* pseudonyme

```
De : malickzeboss@gmail.com
A  : awa.bocoum@gmail.com
```

```
     Finalement ça n'a pas coupé et c'est calme
     à l'Hippo cet après-midi, on va même avoir
   5 le temps de préparer le thé. Donc je
     reprends.
     Sans rien mettre en doute de tes qualités,
     moi non plus je ne suis pas très emballé à
     l'idée d'un mariage. Mais il faut que tu
  10 aies une idée de comment ça se goupille
     ici. Mon père est candidat aux élections
     municipales et ça ne se présente pas bien ;
     il n'y a toujours pas de financement pour le
     poste d'instituteur depuis l'inauguration
  15 de l'école du village. Et tout le monde
     attend ce mariage depuis quinze ans. Si
     ça ne se fait pas, il va perdre la face.
     Je ne sais pas trop comment on va pouvoir
     s'arranger. Ça va être chaud de le lâcher
  20 sur ce coup-là.
     Je suis tout le temps connecté, sauf
     évidemment quand le courant saute et que
     c'est chômage technique, donc on peut
     rester in teutch.
```

25 – *In teutch* ? demanda Agathe. Qu'est ce que ça veut dire ?

– C'est de l'anglais, soupira Awa. *In touch,* ça veut dire : en contact. C'est pas seulement un geek. C'est un flambeur, aussi.

---

8 **emballé** *ici : fam* excité – 10 **ça se goupille** *fam* ça s'organise – 14 **une inauguration** l'ouverture officielle d'un lieu – 19 **chaud** *ici : fam* compliqué, difficile – 19 **lâcher qn** laisser tomber qn – 27 **un flambeur** *fam ici :* Angeber

Chapitre 10

Marcel Mérindol ressentit un profond découragement.

Jacob clopinait le long du tableau noir en se tenant les reins. En face de lui, Archibald, qui était un peu allergique à la poussière
5 de craie, éternuait en attendant sa réplique.
  « *En un mot, qu'elle soit d'une ignorance extrême ;*
  Et c'est assez pour elle, à vous en bien parler,
  De savoir prier Dieu, m'aimer, coudre et filer. »

– Jacob, on peut savoir pourquoi tu boites, maintenant ? Et
10 pourquoi tu te tiens le bas du dos ?
  – Vous avez dit qu'il fallait se mettre dans le corps des personnes, Monsieur.
  – Et alors ?
  – Ben c'est un vieillard, Arnolphe non ?
15 – Oui, enfin, un vieillard pour Molière, d'accord ? C'est une question d'époque. Regarde, au tout début, si tu lis la scène...
  Il attrapa son édition de poche et tourna les pages.
  –... Acte I, scène I... Vers 170... Chrysalde dit à Arnolphe, qui vient de changer de nom :
20 « *Quel diable vous a fait aussi vous aviser,*
  À quarante-deux ans, de vous débaptiser... »

Marcel Mérindol allait sur ses quarante-deux ans. Il ravala le « Vieillard toi-même, sale gosse » qui menaçait de fuser et poursuivit avec pédagogie :
25 – Donc Arnolphe a seulement quarante-deux ans, d'accord ? Et à quarante-deux ans, on peut encore tenir debout. Alors tu

---

3 **clopiner** marcher avec difficulté – 3 **le rein** Niere, *ici* : Hüfte – 5 **la craie** Kreide –
5 **éternuer** niesen – 6 **l'ignorance** *f* le fait de ne pas savoir, *ici* : la naïveté par manque
d'éducation – 8 **coudre** nähen – 8 **filer** spinnen – 9 **boiter** hinken – 14 **un vieillard**
→ vieux – 20 **s'aviser de faire qc** sich unterstehen, etw zu tun – 21 **se débaptiser**
[debatize] *ici* : changer de nom – 23 **menacer de faire qc** *ici* : risquer de faire qc –
23 **fuser** *ici* : être dit spontanément par un élève

reprends et tu ouvres la cage thoracique pour qu'on t'entende du fond de la salle du Trianon.

– OK, fit Jacob, qui émit une grande inspiration : « *De savoir prier Dieu, m'aimer, coudre et filer.*

5 – *Une femme-heu stupide est donc votre MARMOTTE ?* ripa Archibald, alias Chrysalde.

Marcel Mérindol fit un grand geste de la main :

– MAROTTE, Archi. Une marotte, c'est ce que vous appelleriez un *kiff*, mais un *kiff* à la limite de l'idée fixe.

10 – « *Une femme-heu stupide est donc votre marotte ?*
– *Tant, que j'aimerais mieux une laide-euh bien sotte
Qu'une-euh femme fort belle avec beaucoup d'esprit...* »

Marcel Mérindol se demanda soudain si Dado Bocoum viendrait à la représentation.

15 – « *L'esprit et la beauté...* » suggéra Archibald-Chrysalde.

– « *L'honnêteté suffit* », coupa Jacob-Arnolphe.

– « *Mais comment voulez-vous, après tout, qu'une-euh bête
Puisse-euh jamais savoir ce que c'est qu'être honnête ?* »

La sonnerie de dix-sept heures, marquant la fin des classes, 20 coupa court à la répétition. Ernestine était déçue de ne pas avoir joué la scène III, où Agnès apparaît pour la première fois. Elle remballa son livre et s'engouffra dans le couloir vers la sortie.

La grande porte du collège s'ouvrit en grinçant et un flot 25 d'élèves s'en déversa avec urgence. Dado, adossée aux grilles en face de l'entrée, attendait Ernestine. Cette après-midi-là, Aminata participait à une fête interculturelle organisée par le club de foot des garçons, activité pour laquelle elle avait dû cuisiner trois kilos de thiéboudienne et une soixantaine

---

1 **la cage thoracique** Brustkorb – 5 **une marmotte** Murmeltier – 5 **riper** *ici :* dire – 9 **un kiff** *fam ici :* une personne/ une chose à laquelle on pense tout le temps – 11 **laid** ≠ beau – 11 **sot** idiot, stupide – 12 **l'esprit** *m ici :* l'intelligence *f* – 22 **remballer qc** *ici :* remettre qc dans son sac – 22 **s'engouffrer dans un lieu** sich in … stürzen – 24 **grincer** quietschen – 24 **un flot** *ici :* Schar – 25 **se déverser** *ici :* strömen

de beignets. Elle avait demandé à Dado de venir récupérer Ernestine à dix-sept heures.

Dado vit du même coup Ernestine et Marcel Mérindol, qui avançait à grands pas dans sa direction. Elle sentit son cœur
5 faire une embardée sous sa veste, et une chaleur inattendue monta dans son cou. « Heureusement que je ne suis pas blanche, moi, se félicita mentalement Dado en voyant Marcel Mérindol s'empourprer. Les blancs rougissent vraiment vite. »

– Mademoiselle Bocoum ! Vous êtes venue chercher
10 Ernestine ?

– Non, je récoltais quelques spécimens de ces champignons si particuliers qui poussent devant votre établissement.

– Ah ? Mais c'est fantastique ! s'exclama Marcel, dont la capacité de second degré s'était totalement évaporée.
15 – N'est-ce pas ?

Elle fit signe à Ernestine de l'attendre un peu plus loin et glissa à son interlocuteur :

– Je vais tenter une médiation chez leur père.

Puis elle déguerpit, attrapa la main d'Ernestine et prit sur elle
20 pour ne pas se retourner.

Ernestine la regardait par en dessous.

– Tu connais mon prof de français ?

– Oui.

– Il t'a parlé de l'autorisation parentale pour la pièce ? Papa
25 ne l'a toujours pas signée : je lui ai redonnée ce matin.

– Non, répondit machinalement Dado, qui pensait à autre chose. On parlait d'Awa.

Elle regretta immédiatement de s'être aventurée dans une conversation avec Ernestine, car s'engager dans cette voie
30 exposait à une rafale de questions. Et, de fait :

---

1 **un beignet** eine Art Krapfen – 5 **faire une embardée** faire un saut de côté (*ici : fig*) – 8 **s'empourprer** rougir – 11 **récolter** ramasser – 14 **le second degré** ce qui est sous-entendu, ce qui n'est pas dit mais qui est implicite – 14 **s'évaporer** *ici :* disparaître – 17 **un interlocuteur** la personne à qui on parle – 19 **déguerpir** *fam* partir – 19 **prendre sur soi pour ne pas faire qc** se retenir de faire qc – 29 **s'engager dans une voie** prendre un chemin (*ici : fig*) – 30 **une rafale de qc** *ici :* une série de qc

– Il est au courant qu'elle doit se marier ? C'est toi qui lui as dit ? Comment tu as fait ? Tu l'as suivi dans la rue à la sortie du lycée ? Tu sais où il habite ? Tu as vu son bouton d'herpès ?

Dado s'arrêta brutalement et essaya de reconstituer le visage
5 de Marcel.

– Non. Je n'ai pas vu de bouton.

– Je crois qu'il a mis une crème. C'est dommage. Tu aurais pu faire un prélèvement pour regarder dans ton microscope.

– Je suis contente que tu ne lui aies pas proposé. Ça aurait été
10 embrassant. Je veux dire : embarrassant.

– De toute façon, poursuivit Ernestine en sautillant à côté d'elle, Awa ne veut pas se marier. Elle veut faire des études à Paris et elle dit que les garçons ont du tartre entre les dents de devant. Malick ne veut pas se marier non plus. Il veut rester
15 boire du thé à Saint-Louis. Alors on n'a qu'à dire qu'ils ne sont pas d'accord et chacun reste là où il veut, non ?

Dado la regarda, impressionnée.

– Comment tu es au courant de tout ça ?

– Awa a retrouvé Malick par Facebook et depuis ils s'écrivent
20 des mails. Et moi je lis leurs conversations, annonça Ernestine fièrement.

Puis elle ajouta :

– Mais il y a un problème.

– Ah ?

25 – Bassirou, le père de Malick. Il va perdre la face si le mariage ne se fait pas. Et il va perdre les élections, aussi.

– Tu m'épates.

Ernestine haussa les épaules en essayant de garder un air modeste.

30 – Tant mieux. C'est pas tous les jours qu'on peut épater une tante chercheur en champignologie.

– Tu sais encore beaucoup de choses comme ça ?

Ernestine se creusa les méninges.

---

8 **faire un prélèvement** eine Probe entnehmen – 27 **épater qn** jdn verblüffen –
29 **modeste** *ici* : bescheiden – 33 **se creuser les méninges** *fpl fam* réfléchir

– Oui. Le vrai problème, c'est l'argent. Avec une histoire d'instituteur pour une école du village. Je crois que s'il avait l'argent, ou l'instituteur, ce serait plus facile pour Bassirou de perdre la face.

5   Elle bondit sur place, percutée par une idée.

– Mais l'argent, tu en as, toi ! Tu peux leur donner ?

Dado s'arrêta et dévisagea sa nièce.

– Je leur donne *déjà* tout ce que j'ai. Tu sais combien ça gagne, un chercheur, dans le public, en France ?

10   Le problème avec Ernestine, c'est qu'elle lançait des débats si pointus qu'on en oubliait qu'elle avait onze ans. Dado reformula :

– Je n'ai pas cet argent-là à leur donner. Et pour gagner les élections, Bassirou n'a pas seulement besoin d'argent.

15   Il a besoin d'un truc épatant. Un grand mariage avec une Parisienne, en l'occurrence.

– Il veut faire comme moi, résuma Ernestine de son ton satisfait. Être épatant.

Elles traversèrent la rue et arrivèrent sur la dalle. Ernestine

20   réfléchissait :

– Dommage que ma carrière d'actrice ne fasse que commencer.

– Pourquoi ?

– J'aurais pu aller signer des autographes au village. Avec

25   George Clooney. Ça aurait fait de l'effet.

– Ah oui. Indéniablement.

Ernestine haussa les épaules.

– Pour son prochain mandat peut-être, suggéra Dado en composant le code.

30   Elle retrouvèrent Bocoum assis devant la table du salon. Lettre après lettre, il déchiffrait à haute voix l'autorisation de

---

5 **percuté par une idée** ayant soudain eu une idée – 9 **le public** *ici :* les secteurs professionnels qui relèvent de l'État et non pas des entreprises privées – 11 **pointu** *ici :* très spécialisé, sur un sujet très précis – 16 **en l'occurrence** *f* dans ce cas précis – 26 **indéniablement** sans aucun doute – 29 **composer le code** *ici :* faire un numéro qui ouvre la porte en bas d'un immeuble

sortie d'Ernestine étalée devant lui, comme s'il s'était agi de hiéroglyphes sur un parchemin rabougri.

– Dado, tu vas pouvoir m'aider, fit-il, soulagé. Toutes ces formules administratives, là, ce sont des palabres...

5 Dado glorifia mentalement son niveau d'études, qui lui permettait de remplir de manière autonome l'ensemble des formulaires de la sécurité sociale, des impôts et de la caisse de retraite.

– Le fils d'Alain, notre représentant syndical, joue aussi dans
10 la pièce, ajouta Bocoum. C'est quand même du sérieux, on dirait.

– Ah oui, Kenny. Il fait Oronte. Pour ce qui est du jeu, je lui mettrais une petite moyenne. Tout le monde n'est pas un acteur né comme moi, commenta Ernestine avant de plonger
15 tête la première dans un placard de la cuisine.

Dado attrapa une chaise et s'assit à côté de son frère. Elle parcourut la feuille.

– Tu dois seulement inscrire le nom d'Ernestine ici, et celui de la personne qui viendra la chercher à la gare du RER là, et
20 compléter...

– Justement, je voulais te demander, interrompit Bocoum. Tu pourrais garder Ernestine pendant qu'on est au village, en attendant qu'elle nous rejoigne ?

« Ben voyons, se dit Dado. C'est ça. Et je m'occuperai aussi
25 des faire-part du mariage de ta fille. »

– D'accord. Mais juste après, je pars en congrès, donc il faudra faire attention en prenant ses billets, qu'elle ne se retrouve pas toute seule...Voilà, tu dois signer ici, indiqua-t-elle en fourguant un stylo entre les mains de son frère. Signe. Oui.
30 C'est bon.

Ouf.

---

2 **un parchemin** Pergament – 2 **rabougri** *ici :* abîmé par le temps – 3 **soulagé**
erleichtert – 7 **un impôt** Steuer – 25 **un faire-part** une carte avec laquelle on
communique une naissance, un mariage etc. – 29 **fourguer** *fam* mettre

– Ernestine, si tu filais dans la chambre avec ton goûter ? Je dois discuter sérieusement avec ton père.

Les tresses de l'Ernestine en question avaient disparu, englouties sous un énorme sac de beignets.

5   – Allez. Laisse-nous.

Dans le sillon d'Ernestine, quelques miettes s'envolèrent, tourbillonnèrent une poignée de secondes puis atterrirent en douceur sur le sol brillant.

---

1 **filer** *fam* aller – 4 **engloutir** *ici :* cacher – 6 **dans le sillon de qn** derrière qn – 6 **une miette** Krümel – 7 **tourbillonner** tourner dans l'air

Chapitre 11

De son sac à main, Dado sortit la girafe qu'elle avait ramassée au pied des bâtiments de l'INSERM.

– C'est quoi, ça, encore ?

5 Dado pressa l'animal en caoutchouc, qui émit un bruit de trompette.

– Ben, c'est Sophie, dit-elle sur le ton de l'évidence.

Devant l'air perplexe de Bocoum, elle lui suggéra d'en référer à Aminata. Puis elle s'assit.

10 – Tu *sais* de quoi je veux te parler, fit Dado. Et tu *sais* ce qu'on dit chez nous.

Les mains posées bien à plat sur la table, elle accrocha le regard de son frère. Il la fixait en gardant les paupières à demi fermées, dans cette attitude défensive et méprisante qu'ils 15 avaient tous les deux affrontée chez leur père. La ressemblance entre les deux hommes la saisit.

Au Fouta, Dado et son frère Khalidou, son aîné de quatre ans, avaient grandi en complices. Un jour que leur mère les avait envoyés porter un mortier au village d'Aram, et qu'ils 20 avançaient ensemble sur la route de terre rouge balayée par l'harmattan, un scorpion avait jailli aux pieds de Dado, son dard noir presque planté dans sa cheville. Khalidou s'était jeté en avant, le lourd mortier qu'il portait avait fendu la carapace noire et le grand frère avait attiré la petite fille de 25 sept ans et l'avait serrée contre lui jusqu'à ce qu'elle arrête de hurler. Il l'avait ensuite fixée d'un regard noir brillant, les yeux bien ouverts, et Dado se souvenait exactement du sentiment de vénération qui était né en elle ce soir-là, sur une route poussiéreuse, au-dessus du cadavre de scorpion. Ils avaient fini 30 leur route en silence et avaient laissé passer de longues heures avant de rentrer chez eux.

---

13 **une paupière** Augenlid – 14 **méprisant** ≠ respectueux – 16 **saisir qn** *ici :* jdn
ergreifen – 19 **un mortier** *ici :* Mörtel – 21 **l'°harmattan** *m* un vent chaud et sec
d'Afrique – 22 **un dard** Stachel – 22 **la cheville** Knöchel – 23 **fendre** casser en deux –
24 **une carapace** Panzer – 28 **la vénération** un très grand respect

Lorsque leur père apprit que son fils unique avait pris un tel risque, plutôt que de le féliciter pour son courage, il le fouetta devant toute sa famille. Dado, elle, n'eut droit qu'à un regard en demi-lune, chargé de dégoût.

5 À partir de là, petit à petit, Khalidou Bocoum changea. Il s'épaissit silencieusement dans le travail des champs et se conforma à ce qu'on attendait de lui : de la soumission, amenée avec les années à se transformer en autorité brutale. À vingt ans, il épousa sans broncher la jeune cousine qu'on 10 lui avait désignée et, sous l'impulsion de son cousin Bassirou, partit s'établir en France avec sa femme enceinte.

Un an après l'épisode du scorpion, une organisation canadienne orchestra une campagne en faveur de la scolarisation des petites filles du Fouta, et Dado rejoignit 15 l'école financée par cette organisation dans un village voisin. Sa marraine canadienne, qui recevait deux fois par an une carte dessinée au crayon de couleur accompagnée d'une photo de sa filleule en uniforme bleu marine, sponsorisa ensuite le collège à Podor. Puis des rumeurs de détournements de fonds firent 20 capoter l'ONG et ce fut la dot de sa sœur qui ouvrit à Dado les portes du lycée Blaise Diagne de Dakar.

Elle fut reçue major du Sénégal au baccalauréat, ce qui lui valut une bourse d'études pour la France.

Dado suivit de brillantes études de biologie, couronnées 25 par une thèse intitulée : « Le développement contrasté de *l'Aspergillus fumigatus* dans un contexte humide : une révolution silencieuse ». Elle ne trouva aucun poste en rapport avec ses qualifications, ce qui rendit tout voyage au Sénégal pénible, les attentes d'aide financière qu'on portait sur elle

---

2 **fouetter** mit der Peitsche schlagen – 4 **en demi-lune** *ici :* avec les yeux à demi fermés – 4 **le dégoût** Ekel, Widerwillen – 6 **s'épaissir** *ici :* se renfermer sur soi et devenir dur – 6 **un champ** Feld – 7 **la soumission** Fügsamkeit – 9 **sans broncher** sans montrer aucune émotion – 13 **orchestrer** *ici :* organiser – 14 **la scolarisation** → l'école – 16 **une marraine** *ici :* une dame occidentale qui finance les études d'un enfant d'un pays pauvre – 18 **une filleule** *ici :* la petite fille qui profite de ce financement – 19 **un détournement de fonds** *mpl* une utilisation personnelle, illégale de l'argent d'une organisation, d'un service etc. – 20 **faire capoter qc** *fam* ≠ faire réussir qc – 29 **pénible** désagréable

étant tout bonnement disproportionnées. Elle poursuivit par un post-doctorat dans un campus américain opulent, quadrillé de pelouses et de piscines olympiques, où elle rencontra un chercheur aux dents blanches qui venait du Kentucky. Le
5 chercheur, qui s'appelait John, faisait du sport tout le temps : il l'embrassa entre un tournoi d'aviron et un match de base-ball et l'emmena en vacances dans sa famille à Louisville. Mais John était un évangéliste fervent, ce qui vint progressivement faire obstacle à leur vie commune. Finalement, Dado revint en
10 France, le cœur en miettes. Elle accepta un statut de vacataire à l'INSERM et se mit à envoyer une partie de son salaire au village, une autre à la tante qui l'avait logée à Dakar. Si elle devint amère, elle ne s'en aperçut pas : elle ne voyait dans son mode de vie aucune résignation.

15 Elle reprit à l'attention de son frère :
– Le cœur n'est pas un genou que l'on peut plier.
Bocoum se redressa d'un bond. Il gronda :
– Le chef de famille doit être aveugle et sourd, sinon sa famille sera détruite.
20 – Ce qu'on a d'affection pour son parent dépasse ce qu'on a pour lui d'utilité, rétorqua Dado.
La joute de proverbes était une tradition familiale chez les Bocoum. Certains conflits trouvaient leur résolution dans une expression savoureuse qui mettait l'adversaire littéralement
25 KO. Le père d'Awa, d'un naturel pourtant peu bavard, était un compétiteur renommé. Dado s'attaquait à forte partie.
Bocoum avala sa salive bruyamment. La colère frémissait sur sa peau :
– Si tu es intelligent, réjouis-toi d'être haï par ta famille.

1 **tout bonnement** tout simplement – 2 **opulent** riche – 2 **quadrillé de qc** *ici :* recouvert de façon régulière de qc – 3 **la pelouse** Rasen – 6 **l'aviron** *m* Ruder – 8 **fervent** passionné – 10 **un vacataire** *ici :* Assistent mit Zeitvertrag – 11 **un salaire** l'argent qu'on gagne en travaillant – 13 **amer** bitter – 13 **s'apercevoir de qc** remarquer qc – 16 **plier** abbiegen, *fig* unterwerfen – 17 **gronder** schimpfen – 18 **aveugle** qui ne voit pas – 18 **sourd** qui n'entend pas – 20 **un parent** *ici :* qn de la famille – 22 **une joute** une compétition – 24 **savoureux** köstlich – 25 **bavard** qui aime parler, qui parle beaucoup – 29 °**haïr** détester

– Être aimé vaut mieux qu'être craint, sauf par ses rivaux.

– Comment oses-tu, toi, Dado, critiquer ce mariage ? rugit Bocoum. Tu connais le prix à payer. Et tu voudrais y soustraire Awa ! Si quelqu'un t'a mordu, il t'a rappelé que tu as des dents.

5 – Mieux vaut passer la nuit avec la colère qu'avec le repentir.

– L'aveugle et le muet ne causent pas ensemble.

– Ok, se dit Dado. Heureusement que j'ai révisé mes classiques. Elle dégaina :

– Être une bénédiction pour soi-même, ce n'est pas difficile ; 10 ce qui est difficile, c'est d'être une bénédiction pour sa famille.

Le moteur du frigidaire se mit à ronronner. Bocoum plissa les yeux :

– Une affranchie n'est pas facile à marier.

Dado blêmit sous l'offense.

15 – La honte de ton parent est ta honte, asséna finalement Bocoum en détachant bien chaque syllabe, comme autant de coups de marteau.

Dado sentit monter une migraine. Une guirlande lumineuse clignotait dans la partie droite de son champ de vision. Le 20 bruit du frigidaire devenait insupportable. La nausée tirait ses viscères derrière sa poitrine. Elle prononça, l'estomac coincé dans la gorge :

– Attention, Bocoum. La méchanceté est un lion qui bondit d'abord sur son maître.

25 Bocoum s'empara d'un paquet de bouillon cube qui traînait sur la table et l'écrasa de ses grandes mains. Ses articulations, tirées comme des élastiques, blanchissaient de rage. Il écumait.

2 **rugir** crier – 3 **soustraire qn à qc/qn** aider qn à échapper à qc/qn – 4 **mordre** beißen – 5 **le repentir** le regret – 6 **un muet** qn qui ne parle pas – 6 **causer** *ici* : discuter – 8 **dégainer** *ici* : lancer une nouvelle attaque – 9 **une bénédiction** Segen – 11 **plisser** fermer à moitié – 13 **un affranchi** un esclave libéré – 14 **blêmir** devenir blanc – 14 **une offense** un affront – 15 **asséner** répondre durement – 17 **un marteau** Hammer – 19 **clignoter** s'allumer et s'éteindre en continu – 20 **insupportable** qu'on ne peut pas *supporter* (ertragen) – 20 **une nausée** → nauséeux p. 55 – 21 **les viscères** *fpl* l'intérieur du ventre – 21 **coincé** verklemmt – 26 **écraser qc** etw zerdrücken – 26 **une articulation** *ici* : Gelenk – 28 **écumer** *ici* : être très en colère

– Si des agnelles se mettent à paître avec des hyènes, elles ne deviendront pas brebis !

– Awa est née ici. Elle a grandi ici, elle est allée à l'école, elle a des rêves, elle a des droits. Ne bousille pas sa vie. Ça te coûtera
5 très cher, beaucoup plus cher que la promesse à Bassirou.

– Tu crois ça ? Une bûche peut rester dix ans dans le fleuve, elle ne deviendra jamais crocodile. Awa doit faire ce qu'elle a à faire. C'est tout. TU COMPRENDS ?

Bocoum écrasa son poing sur la table.
10 – ET JE NE DISCUTE PAS AVEC TOI !

Dado attrapa son sac et se leva. La migraine battait comme si un cœur affolé s'était glissé sous ses cheveux. Elle articula :

– N'oublie pas que ce qui est plus fort que l'éléphant, c'est la brousse.
15 Puis elle traversa la pièce, calquant ses pas sur les pulsations qui résonnaient dans son crâne, et s'enferma dans la salle de bains.

« J'ai complètement foiré », se maudit Dado. Elle fourragea au fond de son sac jusqu'à mettre la main sur une boîte de
20 Zomig®, fit fondre un comprimé sous sa langue et appuya ses deux mains sur la porcelaine de l'évier.

Dans le miroir, elle reconnut le visage fatigué et les paupières rougies d'une affranchie qui n'était pas facile à marier.

On toqua.
25 – Dado ? C'est Awa.

– Entre.

Awa se glissa dans la petite pièce humide.

– Tu es dans le noir ?

– Oui. J'ai la migraine.
30 Awa attendit d'y voir quelque chose pour regarder Dado au fond des yeux.

---

1 **un agneau, une agnelle** Lamm – 1 **paître** *pour un animal :* manger de l'herbe – 2 **une brebis** Mutterschaf – 4 **bousiller** *fam* kaputt machen – 6 **une bûche** un morceau de bois – 12 **affolé** paniqué – 15 **calquer ses pas** *mpl* **sur qc** marcher au rythme de qc – 18 **foirer** *fam* ǂ réussir – 20 **un comprimé** Tablette

– Je suis désolée pour l'autre jour. La scène, dans ton bureau. J'espère que je n'ai pas cassé trop de trucs. Les champignons ont survécu ?

Dado hocha la tête dans un sourire pâlichon. Awa prit sa
5 respiration :

– Et puis je voulais te dire... Voilà, je... je n'irai pas au Sénégal cet été. Ce mariage, là, ce sera sans moi.

– Quoi ? Attends, explique-moi.

Dado se laissa tomber sur le rebord de la baignoire. Sa nuque
10 se raidissait sous le poids de son mal de tête.

– Je ne vais pas attendre de me faire enfermer. Je ne veux pas me marier, je ne peux pas le laisser faire, je ne suis pas un chameau qu'on échange contre un service. J'ai bien réfléchi. Les parents d'Agathe proposent de m'accueillir, j'habiterai chez
15 eux. Garde ça pour toi, hein ? Si jamais il l'apprend...

– Il y a encore d'autres solutions. On n'a pas tout essayé.

– C'est tout vu. Tu m'as fait cogiter. Et puis ça n'a pas exactement marché, ta médiation avec mon père, dans la cuisine. Tu crois que je ne vous ai pas entendus ? Je n'arrive
20 pas du tout à m'imaginer dans le même lit que mon cousin. On préfère toujours la liberté, globalement, non ?

Le médicament commença à faire effet et Dado eut l'idée de prendre l'enveloppe qu'elle gardait dans la poche intérieure de son sac. Cette enveloppe lui avait été remise par la mère d'une
25 véritable chipie, élève en classe préparatoire, que Dado avait pour mission de conduire aux concours d'écoles d'ingénieurs. Elle avait déjà utilisé plusieurs fois mentalement ce revenu supplémentaire. Elle avait envisagé de changer ses rideaux, de prendre une mutuelle, de s'abonner à *Courrier International*,
30 de s'acheter une paire de sandales, de faire venir un plombier pour le problème de la chasse d'eau. Mais elle donna l'enveloppe à Awa en gage de soutien et serra du mieux qu'elle

---

4 **pâlichon** *ici* : schwach – 9 **une baignoire** Badewanne – 10 **se raidir** devenir dur, *ici* : être douloureux – 13 **un chameau** Kamel – 17 **cogiter** réfléchir – 25 **une chipie** *ici* : Schlingel – 27 **un revenu** de l'argent gagné – 29 **une mutuelle** une assurance maladie complémentaire – 30 **un plombier** Klempner – 31 **la chasse d'eau** Wasserspülung – 32 **le soutien** l'aide

put sa nièce dans ses bras. Puis elle alla déposer un baiser sur une natte tordue d'Ernestine, traversa rapidement le salon où Bocoum achevait de passer sa fureur sur les cubes Maggi et quitta l'appartement.

5 « On récolte ce qu'on a cultivé », pensa Dado en longeant la dalle pour rejoindre la gare RER alors qu'elle se retrouvait, comme toujours, seule.

5 **récolter** ernten – 5 **cultiver** pflanzen

Chapitre 12

La conseillère générale en charge du prix « Ici et Là-bas » vint au collège un jeudi après-midi, début juin. C'était une dame rondelette qui descendit d'une voiture avec chauffeur, 5 accompagnée d'un jeune homme à la mine tragique, affligé d'une calvitie.

La directrice se précipita à la grille pour serrer la main de la conseillère générale en riant et en hochant la tête, comme si elle n'avait jamais eu autant de plaisir à rencontrer quelqu'un. 10 Les élèves, eux, auraient eu beaucoup plus de plaisir à rencontrer d'autres gens : Zinedine Zidane, par exemple. Ernestine, personnellement, aurait opté pour Emma Watson, qui avait son âge quand elle avait été choisie pour l'adaptation de *Harry Potter*. Ernestine s'identifiait beaucoup à elle, 15 projetait de faire une carrière similaire et de porter le même style de robe sur les tapis rouges.

Les élèves entrèrent en rang docile dans la classe, sous l'œil acéré de Monsieur Mérindol, qui les avait menacés d'une dictée quotidienne jusqu'à la fin de l'année s'ils ne se tenaient 20 pas à carreau. Il avait mis une cravate pour l'occasion. Il s'était aussi peigné et rasé et ressemblait de façon inattendue au type qui présentait la météo après le journal télévisé.

Le jeune homme chauve s'installa derrière le bureau de Marcel Mérindol et sortit d'une sacoche un minuscule 25 ordinateur portable sur lequel il se mit à taper à toute allure au fur et à mesure que la conseillère parlait.

– Mes chers enfants, vous avez mis votre talent au service d'une réalisation collective, et votre travail nous a séduits. Au nom du jury du prix « Ici et Là-bas », et du groupe majoritaire

---

6 **la calvitie** [kalvisi] le fait de ne plus avoir de cheveux – 12 **opter pour** choisir – 17 **docile** qui obéit – 18 **acéré** *ici :* très attentif – 19 **quotidien** chaque jour – 19 **se tenir à carreau** avoir un comportement parfait – 21 **se peigner** sich kämmen – 23 **chauve** qui n'a plus de cheveux – 25 **à toute allure** très vite – 28 **séduire** *ici :* plaire

au Conseil Général, je voudrais vous féliciter, et vous remercier. Je voudrais également remercier...

Les doigts du jeune homme couraient sur le clavier dans un bruit de pluie qui cogne sur une vitre. La concentration dilatait
5 légèrement ses narines et une fine couche de buée s'était formée sur le bas de ses lunettes. Ernestine se dit qu'elle devait bien être la seule à remarquer ce genre de choses et qu'elle pourrait se reconvertir dans le journalisme d'investigation si sa carrière d'actrice connaissait des creux, comme celle de Drew
10 Barrymore. La conseillère générale avait remercié tout un tas de gens qui n'intéressaient personne et continuait à parler, son ventre dessinant des plis sous le tissu de son tailleur :

– ... C'est pour développer ces valeurs de solidarité chères à la majorité élue que nous allons décider aujourd'hui,
15 ensemble, du projet que votre prix de cinq mille euros permettra de financer, sur cinq ans, dans un pays en voie de développement.

– C'est quoi un pays en voie de développement ? chuchota Ernestine à l'oreille de Jacob.
20 – C'est chez toi, par exemple.

– La cité Malraux ?

– Non. Le Sénégal. C'est une façon polie de parler des pays qui ne sont pas développés du tout.

– Pas développés ?
25 – Des pays où il y a des enfants qui ne vont pas à l'école, des maisons sans électricité, des routes pas goudronnées. Des jeunes qui sont prêts à mourir pour venir ici pendant que leurs chefs d'états élèvent des lions dans leur jardin et se déplacent en jet privé.

---

4 **dilater** *ici :* aufblähen – 5 **une narine** Nasenflügel – 5 **la buée** feuchter Beschlag –
8 **se reconvertir dans qc** quitter un métier pour commencer une nouvelle carrière –
9 **connaître des creux** *mpl* avoir des phases où cela marche moins bien – 12 **un pli** Falte – 12 **un tailleur** un ensemble composé d'une jupe et d'une veste – 14 **élu** → une élection – 21 **une cité** *ici :* un ensemble d'immeubles dans une banlieue –
26 **goudronner** teeren

Marcel Mérindol tapa du plat de la main sur leur bureau pour les faire taire et se passa une main dans les cheveux. Il n'avait pas l'habitude d'être coiffé.

La conseillère invita chacun à réfléchir à un projet qui lui
5 tienne à cœur, et le résultat fut un bourdonnement de voix qu'elle qualifia d'émulation collective. Marcel Mérindol n'osa pas intervenir.

La première à demander la parole fut Mélody. Ernestine détestait sa façon de se mettre en avant, ses élastiques avec
10 Dora l'Exploratrice dessinée sur un médaillon en plastique et même son geste pour lever la main – elle sortait une fesse de la chaise pour se grandir, levait très haut son bras et l'agitait ensuite par saccades jusqu'à ce qu'on la repère.

La conseillère lui adressa un sourire engageant.
15 – On pourrait financer le poney club de Drancy. On leur donnerait de l'argent pour acheter un alezan, pour construire de nouveaux boxes, pour faire des stocks de foin. On participerait au nettoyage des écuries, on irait bouchonner les chevaux, on ferait du manège. Les chevaux s'attacheraient à
20 nous, ils deviendraient nos amis.

Ambre et Binta poussèrent des gloussements enthousiastes, le magazine *Cheval* sortit d'un cartable. Les garçons protestèrent et Jacob prit sa tête entre ses mains, accablé.

Le jeune homme s'arrêta de taper, essuya ses lunettes et
25 lança un regard myope à la conseillère générale. Elle avait l'air embêté. Elle attrapa un double décimètre sur un bureau, trottina jusqu'à la carte du monde punaisée au mur et désigna tout ce qui se trouvait sur la moitié inférieure. Tout, à part une

---

5 **un bourdonnement** *ici* : un mélange pas clair – 6 **l'émulation** *f* Wetteifer – 9 **se mettre en avant** *ici* : se comporter comme si on était plus important que les autres – 9 **un élastique** *ici* : Haargummi – 13 **une saccade** Ruck – 13 **repérer** voir – 14 **engageant** *ici* : qui invite qn à parler – 16 **un alezan** un cheval au poil brun-rouge – 17 **le foin** l'herbe que mangent les chevaux – 18 **une écurie** Stall – 18 **bouchonner un cheval** le nettoyer – 19 **un manège** *ici :* Reitbahn – 25 **myope** qui ne voit pas bien ce qui est loin – 26 **embêté** gêné, mal à l'aise – 26 **un double décimètre** une *règle* de 20 cm de long (Lineal) – 27 **punaiser** accrocher

patate située en bas à droite sur laquelle était écrit « Australie »
et qui n'était pas en voie de développement.

– Le prix « Ici et Là-bas » crée un pont entre vous et des
régions du monde qui connaissent des réalités différentes.
5 Comme l'Afrique.

Le clavier se remit à cliqueter. La main d'Ambre se leva et
cette phrase édifiante fut prononcée :

– En Afrique, il y a des éléphants.

Pourquoi les filles de onze ans sont-elles obsédées par les
10 animaux ? s'interrogea Ernestine, tandis que de nombreux
projets concernant les éléphants fleurissaient à travers
la classe. Hormis son phacochère, qui était en peluche,
et ses frères, qu'elle considérait comme des mammifères
envahissants, Ernestine n'approchait pas la moindre bestiole.

15 – Un éléphant boit cent cinquante litres d'eau par jour. Il
peut mettre cinq litres d'un coup dans sa trompe. Et il nage
le matin et le soir. On pourrait construire une mare pour un
troupeau. Avec des baobabs autour. Les éléphants mangent la
sève des baobabs.

20 – Non, je sais, on va s'occuper des grands singes, s'exclama
Sérafine dont le rêve absolu était de donner le biberon à un
chimpanzé. J'ai vu plusieurs documentaires animaliers qui
montrent qu'ils sont menacés. On pourrait créer un orphelinat
pour les bébés bonobos. Ou replanter des forêts pour les
25 gorilles.

Houria fit part à l'assistance de son faible pour les orangs-
outans. Maéva révéla qu'elle était branchée okapi. Ulysse
décrivit l'oryctérope, une sorte de cochon africain doté d'une
queue de kangourou, qui pouvait replier ses oreilles pour en

---

1 **une patate** *fam* une pomme de terre (*ici : fig*) – 7 **édifiant** *ici : iron* très informatif –
9 **être obsédé par qc** ne penser qu'à qc, avoir une passion pour qc – 12 °**hormis qc** à
l'exception de qc – 13 **un mammifère** Säugetier – 13 **envahissant** qui prend beaucoup
de place – 14 **une bestiole** *fam* → une bête – 17 **une mare** Teich – 18 **un baobab**
Affenbrotbaum – 19 **la sève** Saft – 23 **être menacé** être en danger – 26 **un faible pour
qc/qn** un intérêt particulier pour qc/qn – 27 **être branché qc** *fam* bien aimer qc –
28 **doté de** qui a – 29 **une queue** *ici :* Schwanz

faire un barrage anti-moustique. Il fut menacé d'une visite chez la directrice quand il mima le groin allongé de l'animal et reproduisit les sons qui pouvaient en sortir. Dylan décréta que, si les filles tenaient tant que ça à s'occuper d'animaux, ce serait
5 le varan de Komodo ou rien. D'autres garçons bombèrent le torse et s'essayèrent à des cris mâles d'assentiment.

Les mains du jeune homme dépressif volaient sur le clavier, et ses trous de nez ressemblaient maintenant à deux tunnels de chemin de fer. La conseillère générale assit son large postérieur
10 sur une des petites chaises de bureau dans un mouvement de découragement.

La discussion était dominée par le clan chimpanzé, à la tête duquel s'était imposée Sérafine, aux prises avec les partisans des éléphants, rangés derrière Ambre.

15 – Le chimpanzé se reconnaît dans un miroir. Il peut apprendre autant de mots qu'un enfant de deux ans, même s'il n'a pas de glotte pour les prononcer. Il y a même eu un chimpanzé en Hollande qui savait demander des M&Ms à ses éducatrices en appuyant sur un écran lumineux.

20 – Peut-être, mais l'éléphant pèse six mille kilos. Il est haut comme un pavillon du Bourget. Dans le troupeau, un responsable est nommé pour s'occuper des éléphants âgés, pour les assister. Et les pattes des éléphants sont…

« Les pattes » des éléphants. La sonorité que composaient
25 ces mots trottait dans la tête d'Ernestine tandis qu'Ambre continuait à parler de sa voix suraiguë.

« L'épate » des éléphants. « L'épate » ; ce mot lui disait vaguement quelque chose.

La sonnerie retentit et la conseillère jeta un coup d'œil à sa
30 montre.

---

2 **un groin** Schnauze – 5 **bomber le torse** die Brust herausstrecken – 6 **un assentiment** le fait d'être d'accord – 9 **le chemin de fer** Eisenbahn – 9 **un postérieur** *fam* Hintern – 13 **aux prises** *fpl* **avec** en conflit avec – 17 **une glotte** Stimmritze – 21 **Le Bourget** salon international de l'aéronautique et de l'espace – 23 **assister qn** → l'assistance p. 38 – 23 **une patte** le pied / la jambe d'un animal – 24 **la sonorité** → le son – 26 **suraigu** *pour une voix :* schrill – 27 **épate** → épatant p. 73, épater p. 72

Sérafine piaillait :

– Une chimpanzé orpheline, quand elle devient maman, ne peut même pas s'occuper de son petit. Comme elle n'a pas eu de modèle, elle le rejette. Il faut mettre le bébé dans une pouponnière.

– Il faudrait leur rendre les forêts et interdire aux humains de les chasser, s'époumona Ryan, qui se prenait pour Nicolas Hulot.

– Parfait, coupa la conseillère. Elle avait l'air fatigué. « On va se rapprocher des associations qui travaillent sur la reforestation et la protection des espèces au Gabon ou en République Démocratique du Congo. C'est épatant. »

L'assistant avait déjà refermé le clapet de son ordinateur quand le mot « épatant » percuta l'esprit d'Ernestine. Un truc épatant. C'est exactement ce qu'il fallait à Bassirou Bocoum, maire d'un village où les enfants ne pouvaient pas aller à l'école, puisqu'ils n'avaient pas d'instituteur. Comme dans la définition de Jacob des pays en voie de développement.

Ernestine leva poliment la main, les nattes dressées en antennes paraboliques autour de sa tête, tandis que les élèves se levaient en bourdonnant. Elle fut repérée par la conseillère générale qui essayait de boutonner sa veste au-dessus de son bedon.

– Oui ? demanda cette dernière poliment. Elle s'attendait probablement à affronter une dernière tirade sur les caniches, ou sur les cochons d'Inde.

– Je ne suis pas d'accord pour attribuer le prix à la sauvegarde des chimpanzés, prononça Ernestine d'une voix claire, s'appliquant à faire rebondir ses mots sur le tableau noir comme elle avait appris à le faire avec les exercices de diction.

Le jeune homme tourna son regard liquide vers la conseillère qui, d'un signe du menton, engageait Ernestine à continuer.

---

5 **une pouponnière** Säuglingsheim – 7 **Nicolas Hulot** célèbre reporter et écologiste – 16 **un maire** Bürgermeister – 23 **le bedon** *fam* le ventre – 25 **un caniche** Pudel – 26 **un cochon d'Inde** Meerschweinchen – 28 **la sauvegarde** la protection – 31 **liquide** flüssig

Il rouvrit mécaniquement son ordinateur. Marcel Mérindol fit rasseoir les garçons qui sautillaient comme des elfes en direction de l'escalier.

La sonnerie retentit à nouveau, marquant le début d'une nouvelle heure de cours.

« Pense à Emma Watson quand elle brandit sa baguette magique pour affronter les Mangemorts. Donne tout ce que tu as. »

– Un pays en voie de développement, ce n'est pas un pays où les singes sont orphelins. C'est un pays où tous les enfants ne vont pas à l'école.

La conseillère se rassit et le dernier bouton craqua sous la pression de son ventre. Le jeune homme se remit à pianoter. Jacob, qui portait sur le reste de la classe le regard d'un éducateur sur un groupe de débiles légers, tourna la tête vers Ernestine, subitement intéressé.

– Mon village, au Sénégal, qui est très très en voie de développement, a construit une école.

Ernestine n'était jamais allée au Sénégal, pas plus qu'où que ce soit en dehors de la zone 4 du RER, mais le Conseil général ne détenait probablement pas d'informations sur le sujet. Donc elle continua.

– Malheureusement, notre pays est pauvre, parce que le président se déplace en avion privé et élève des lions dans son jardin. Et aussi des hippopotames.

Jacob écoutait de plus en plus attentivement.

– Des gens comme ma tante envoient tout leur argent pour faire fonctionner l'école, mais les chercheurs sont très mal payés dans le public et, en fin de compte, il n'y a pas assez d'argent pour payer l'instituteur.

M. Mérindol, qui s'était appuyé contre la porte après avoir fait rasseoir les garçons, sursauta.

---

6 **une baguette magique** Zauberstab – 12 **craquer** *ici :* aufplatzen

– Ce qui a plu aux élèves de ma classe, poursuivit Ernestine d'une voix tremblante (c'était le stress, mais ça pouvait passer pour de l'émotion), c'est la ressemblance des animaux avec les êtres humains. Les singes qui se reconnaissent dans le miroir.
5 Les éléphants qui s'occupent des personnes âgées. Alors, plutôt que de s'intéresser à des animaux qui ressemblent aux gens, moi je propose qu'on s'occupe des gens. Comme c'est par l'école que nous avons eu le prix, nous allons financer un instituteur pendant cinq ans pour que d'autres enfants, ceux de
10 mon village, puissent aller à l'école, eux aussi.

Un bruit désagréable sortit du nez de la conseillère : elle pleurait.

Mélody leva très haut sa main dans un geste saccadé pour faire un commentaire enthousiaste mais personne ne
15 lui donna la parole. Finalement, Jacob tapa dans ses mains ouvertes et toute la classe applaudit.

L'affaire était dans la poche. En quittant la salle, la conseillère, qui reniflait toujours, se pencha vers Ernestine.

– C'est bien, d'être habitée comme ça par votre identité
20 africaine.

Ernestine ne savait pas très bien en quoi consistait son identité africaine, en dehors des tresses, mais elle lui fit le sourire qu'elle avait préparé pour la cérémonie d'ouverture des Oscars et serra la main qui lui était tendue.

25 Marcel Mérindol attendit que la classe se vide pour venir la voir, avec son nouveau look de présentateur météo.

– Eh ben ma vieille… lâcha-t-il dans un moment d'affaissement de ses ressorts pédagogiques.

– Il faudra que quelqu'un dise à Awa que Bassirou n'a plus
30 besoin d'elle pour épater son village. Qu'elle reprenne ses révisions du bac français. Il faudra peut-être que vous lui filiez

---

17 **c'est dans la poche** *fam* c'est gagné d'avance – 18 **renifler** *ici :* pleurer – 27 **mon vieux, ma vieille** *fam* mon cher, ma chère – 28 **un affaissement** *ici :* Lockerung – 28 **un ressort** Feder, *ici : fig* un principe – 31 **filer un coup de main à qn** *fam* aider qn

un coup de main, parce qu'elle ne force plus trop depuis cette histoire de mariage.

– Tu ne dis rien, d'accord ? On va laisser ta tante manœuvrer. Et moi je vais prendre mes responsabilités et prévenir ta tante. C'est mon rôle. En tant que professeur principal. Je veux dire : c'est à moi de le faire.

– Vous pouvez lui dire quelque chose de ma part ?

Ernestine échangea encore quelques mots avec son professeur. Au moment où elle quittait le préfabriqué, il la rappela :

– Ernestine : si j'apprends que tu as parlé à ta sœur, c'est ta doublure qui jouera au Trianon.

– Mélody ??

Ernestine eut une expression terrifiée et donna sa parole d'autant plus sincèrement qu'elle visualisait Mélody campant une Agnès inaudible sous les projecteurs du Trianon.

Un instant plus tard elle détala, toutes nattes azimutées, et le téléphone retentit dans le laboratoire de mycologie de l'INSERM.

---

9 **un préfabriqué** Fertighaus – 12 **une doublure** *ici :* zweite Besetzung – 15 **camper un personnage** jouer, interpréter – 16 **inaudible** qu'on n'entend pas – 17 **détaler** *fam* partir vite – 17 **tous azimuts** [tuzazimyt] *mpl* dans toutes les directions

Chapitre 13

– Je suis venue dès que j'ai écouté votre message. Nous faisions de l'amplification de génome de *Candida* quand vous avez appelé.

5 – Un café ?

– Oui, volontiers.

Elle le dévisagea pendant qu'il fouillait la poche intérieure de sa veste de costume. Elle se surprit à s'attarder sur ses fossettes, puis fronça les sourcils devant son air un peu chic de
10 commercial en déplacement.

– Vous n'auriez pas changé quelque chose ? Il me semble que vous ressemblez à quelqu'un. Je n'arrive pas à mettre de nom.

Marcel Mérindol sortit les pièces, les inséra dans la machine à café, et soupira :
15 – Au présentateur de la météo, les enfants m'ont dit.

– C'est exactement ça : une ressemblance frappante.

– Pas tant que ça. Tenez, moi, par exemple, je n'utilise pas de gomina.

– Vous disiez qu'il y avait du nouveau concernant Awa ?
20 Un sourire adorable passa sur le visage bien rasé de Marcel Mérindol. Ce fut à ce moment précis que Dado remarqua une petite enflure sur sa lèvre supérieure, qui s'apparentait effectivement à une cicatrice d'herpès.

– Ernestine voulait que je vous présente la chose en ces
25 termes : elle a été épatante, et Bassirou sera épaté. Elle m'a demandé d'insister sur les qualificatifs. Elle a trouvé la conseillère générale bon public, et espère qu'elle assistera à la représentation au Trianon. Elle a entendu dire qu'il existait des liens étroits entre politique et show business.
30 – Je ne vous suis pas très bien.

---

3 **l'amplification** *f* **de qc** *ici :* le fait de grossir l'image de qc – 7 **fouiller** chercher dans –
16 **frappant** *ici :* verblüffend – 18 **la gomina** *vx* une sorte de gel pour fixer les cheveux –
20 **adorable** charmant – 22 **une enflure** → enflé p. 23 – 23 **une cicatrice** Narbe – 29 **un lien** *ici :* un contact

– Les représentants du comité en charge du prix « Ici et Là-bas » au Conseil général sont venus en classe aujourd'hui. Ils ont expliqué aux enfants qu'un financement serait alloué en leur nom, sur une durée de cinq ans, dans le cadre d'une initiative concernant un pays en voie de développement.

– Mon Dieu. Ernestine a parlé du village ?

– Elle a fait mieux que ça. Elle a détourné l'énergie furieuse que les filles de son âge mettent à défendre les primates et les pachydermes ; elle a plaidé pour un soutien aux êtres humains plutôt qu'aux animaux et elle a fait un couplet sur le droit des enfants à aller à l'école. La conseillère générale a sorti son mouchoir, les élèves ont applaudi : le salaire de l'instituteur du village est assuré pour cinq ans.

– Cette enfant me fatigue souvent, mais là, je dois dire qu'elle me bluffe.

– Elle a des talents qu'elle pourrait exploiter en politique.

Ce fut au tour de Dado de sourire, un sourire retenu qui lui fit baisser les yeux :

– Je crois que vous l'avez déjà largement orientée dans une autre voie. Mais puisque des liens étroits unissent les deux.

– On ne peut pas dire que vous-même l'encouragiez à suivre votre parcours : elle a dit un mot sur les salaires insuffisants dans la recherche publique. Je l'ai trouvée bien renseignée. Mais je n'utiliserai pas cet argument pour vous inviter à dîner. Je vous dirai, tout simplement : voulez-vous dînez avec moi ?

Marcel Mérindol s'était littéralement entendu parler, c'est-à-dire que ses mots avaient précédé toute réflexion organisée. Mais il s'était trouvé follement élégant, et il fut vexé de s'apercevoir que Dado n'avait pas percuté : elle venait de toute évidence d'avoir une idée qui avait occulté le propos de son interlocuteur.

---

3 **allouer** attribuer, donner – 9 **un pachyderme** un éléphant – 10 **un couplet** *ici :* un passage – 12 **un mouchoir** Taschentuch – 27 **précéder qc** venir avant qc – 28 **vexé** gekränkt – 29 **percuter** *ici : fam* comprendre – 30 **occulter qc** *ici :* faire disparaître qc

– Je viens de penser à quelque chose ! s'exclama-t-elle, tandis que Marcel Mérindol fronçait le nez de mécontentement. Mon directeur de recherche à l'INSERM a reçu un pyjama constellé de girafes ; il m'a dit que c'était un cadeau de son

5 frère aîné, Consul général de France à Saint-Louis, dans le nord du Sénégal. Ça m'a marquée parce que, précisément, il n'y a pas de girafes au Sénégal. C'est drôle, ces clichés que les gens peuvent avoir sur l'Afrique, non ?

– Votre directeur de recherche vous montre son pyjama ?

10 interrogea Marcel Mérindol, dont la mauvaise humeur allait crescendo.

– Heu, non. Il m'en parle seulement. Mais je me disais que si le Consul général de France acceptait de venir au village, près de Podor, pour remettre le prix, ce serait du meilleur effet.

15 – Ce serait *épatant*, grinça Marcel Mérindol.

– Oui, se réjouit étourdiment Dado. Bassirou Bocoum pourrait accueillir le Consul avec une déclaration publique, organiser une célébration. En somme, en retirer tout le bénéfice qu'il escomptait du mariage. En particulier sur le plan

20 électoral.

Marcel écrasa son gobelet en plastique, le catapulta dans la poubelle et déclara froidement :

– Docteur Bocoum, il est tard, je ne voudrais pas vous retarder, et je suis moi-même un peu pressé.

25 Dado leva sur lui un regard hébété, tandis qu'une brique de ciment coulait au fond de son estomac.

« Qu'est ce que tu t'étais imaginée, espèce de folle ? Que les trentenaires célibataires qui ressemblent à quelque chose pourraient s'intéresser à toi ? D'ailleurs, l'homme trentenaire

30 attirant n'est jamais célibataire. Tiens-le toi pour dit. »

---

3 **constellé de** *ici :* décoré de – 6 **marquer qn** *ici :* jdm auffallen – 15 **grincer** *ici :* dire d'un ton ironique – 16 **étourdiment** distraitement – 19 **escompter qc de qc** attendre qc de qc – 25 **hébété** *ici :* très surpris – 28 **ressembler à qc** *ici : fam* être beau

Elle avait retrouvé toute sa maîtrise d'elle-même quand elle répondit :

– Vous avez parfaitement raison, l'heure tourne et vous êtes certainement attendu.

5 Il ne répondit pas, grognon.

– Je vous laisse rentrer en famille, compléta Dado, et elle prit congé.

Sur le chemin du retour, dans le crépuscule d'été, elle repensa à la phrase de son frère sur le mariage des affranchies.
10 De quoi au juste avait-elle été esclave, et quelle avait été sa libération ? De quels liens pouvait-elle affirmer sincèrement s'être affranchie ?

Elle se secoua et se concentra sur la perspective d'un arrangement qui libérerait Awa des engagements familiaux.
15 Elle résista à la tentation d'appeler tout de suite la principale intéressée et composa stratégiquement le numéro de sa belle-sœur, Aminata, dont il était temps de faire une alliée.

---

1 **la maîtrise de soi** le contrôle de soi – 5 **grognon** mürrisch – 6 **prendre congé** partir – 8 **le crépuscule** le coucher du soleil – 12 **s'affranchir de qc** se libérer de qc – 14 **un engagement** → engager p. 12

Chapitre 14

Neïma raccompagna Awa sur le palier de l'escalier D. Son père avait fait remplacer un genou bourré d'arthrose par une articulation en plastique : il avait ensuite passé trois semaines de rééducation en clinique. Trois week-ends pendant lesquels Neïma avait remplacé son père sur les marchés, tandis qu'Awa avait gardé son petit garçon trop gros, qu'il fallait en permanence empêcher d'accéder au frigo.

5

Awa prit l'escalier de secours, monta deux étages, franchit la passerelle et redescendit l'escalier B jusqu'à l'appartement familial. Elle traversa rapidement le salon en s'efforçant de rendre Bocoum transparent et ferma la porte de la chambre derrière elle. Elle posa les six billets de vingt euros à plat sur le bureau, à côté de l'enveloppe ouverte de Dado, attrapa un stylo, et commença une liste. La liste s'intitulait *kit de survie sur l'île d'Oléron* mais ça sonnait trop Robinson Crusoé. Awa biffa et reformula :

10

15

Nécessaire de survie
pour une fugue réussie.

– Aller-retour Roissy-Charles de Gaulle – La Rochelle, à 50%
(carte 12-25 ans, achetée) : 50 euros.

20

Elle téléphona à Agathe qui lui confirma que son grand-père viendrait la chercher en voiture à la gare de la Rochelle, ce qu'il ferait avec beaucoup de plaisir puisque ça lui donnerait l'occasion de montrer aux automobilistes touristes que les Charentais passent le pont d'Oléron gratuitement. Elles avaient convenu qu'il n'était pas indispensable de s'étendre avec lui sur les conditions de la venue d'Awa : il avait manifesté beaucoup d'enthousiasme à l'idée de partager avec l'amie africaine de sa

25

---

5 **la rééducation** *ici :* le fait d'entraîner son corps après une opération, un accident – 17 **biffer qc** tirer un trait sur qc, rayer qc – 26 **un Charentais** un habitant du département Charente-Maritime (capitale : La Rochelle) – 27 **indispensable** nécessaire – 27 **s'étendre sur un sujet** en parler beaucoup

petite-fille ses souvenirs de safari au Kenya et envisageait déjà de lui présenter un couple martiniquais installé sur l'île.

– Participation aux frais de nourriture en vacances : ?

Awa n'avait aucune idée de la somme qu'il faudrait allouer à
5 ce poste-là. Elle voulait pouvoir participer aux courses, payer sa part au restaurant, inviter Agathe au café ou à la crêperie, mais elle ne savait pas ce qu'on attendrait comme contribution d'une fille de seize ans. Elle laissa la rubrique vide, et ouvrit l'enveloppe que Dado lui avait donnée dans la salle de bains :
10 elle contenait cent euros supplémentaires, ce qui portait sa capacité financière à 220 euros. Elle poursuivit :

– Liste scolaire de terminale (coopérative) : cinquante euros.

– Carte Imagine R 2 zones : (vérifier coût)

– 1 sandwich par jour pendant un mois : 2,50 x 30 : 75 euros
15 *(avec carte de fidélité : 3 panini Nutella inclus)*

Après une courte hésitation, elle ajouta :

– 1 maillot deux pièces Pimkie en soldes : 15 euros.

– 1 cadeau : hippopotame en bois à négocier à l'INSERM (gratuit)

20 Awa se dit que le directeur de recherche de Dado, qui l'avait à la bonne depuis qu'elle s'était inscrite en série scientifique, accepterait probablement sans trop de difficulté de lui céder un membre de sa famille nombreuse d'hippopotames qu'elle pourrait faire passer pour un spécimen kényan auprès du
25 grand-père d'Agathe.

Awa recula contre le dossier de sa chaise et relut sa liste : trente sandwiches. « Tu parles d'une nouvelle vie. »

Elle alla chercher le karité dont Aminata enduisait le bébé, colla son nez dans le pot et inspira. L'odeur de sa petite sœur

---

5 **un poste** *ici :* un élément – 12 **scolaire** → l'école – 13 **la carte Imagine R** la carte qui permet aux 12-25 ans de se déplacer avec les transports en commun à Paris – 21 **avoir qn à la bonne** bien aimer qn – 22 **céder** *ici :* donner – 28 **le (beurre de) karité** le beurre issu d'une noix qui pousse en Afrique, utilisé pour la cuisine et pour les soins de la peau – 28 **enduire qn de qc** appliquer qc sur la peau de qn

et le picotement des huiles essentielles lui firent monter les larmes aux yeux. Elle referma le bocal, attrapa la *Méthodologie pour commentaires composés* et grimpa sur le plus haut des lits superposés. Elle croisa le regard en bouton de chemise du
5 phacochère d'Ernestine, planté entre la couette et le pied de lit et le fixa longuement.

Puis elle entendit le générique d'*Une famille en or* percer à travers la cloison : Bocoum venait d'allumer le téléviseur.

Awa ouvrit le livre mais le cœur n'y était pas. Elle redescendit
10 l'escalier en bois, attrapa *Astérix chez les Normands* dans le sac rapporté de la bibliothèque municipale et le feuilleta jusqu'à ce que la porte de l'appartement s'ouvre, et que les pleurs du bébé recouvrent la musique électrique célébrant le point marqué par une famille réjouie.

15 Alors, elle estima qu'elle pouvait raisonnablement se risquer dans le salon.

Awa se vautra sur le canapé, protégée de la proximité de son père par la large présence maternelle. Il y a des gens qui ont peu de graves problèmes dans la vie, se dit-elle en observant
20 Amayel, écroulée sur le sein d'Aminata.

– J'ai eu Dado au téléphone ce matin, dit Aminata après une salve d'applaudissements.

Les doigts boudinés du bébé s'ouvraient et se refermaient en cadence sur le chemisier relevé d'Aminata, agrippés
25 à la couture du vêtement comme à une prise d'escalade. La répétition de ces mouvements déliés exprimait un contentement existentiel assez simple. Manger, boire. Pleurer, avoir sa couche changée et ses fesses enduites de crème par des mains bienveillantes. Baver, faire des bulles et des vocalises. Le

---

2 **un bocal** un pot en verre – 3 **un commentaire composé** le commentaire structuré d'un texte littéraire (l'un des deux types d'exercices du bac français, l'autre étant une *dissertation* (Aufsatz)) – 7 **un générique** *ici* : la musique qui annonce le début d'une émission télévisée – 8 **une cloison** un mur fin – 15 **estimer** *ici* : penser – 17 **se vautrer sur un canapé** sich auf ein Sofa lümmeln – 17 **la proximité** → proche, près – 22 **une salve de qc** une série de qc – 23 **un doigt boudiné** Wurstfinger – 23 **en cadence** en rythme – 24 **une couture** *ici* : Naht – 25 **une prise d'escalade** *m* Klettergriff – 26 **délié** *ici* : geschickt – 29 **une bulle** Blase – 29 **assorti de qc** *ici* : accompagné de qc

tout assorti d'une absence totale d'obligations. Sur ce bébé, là, aucune tractation inscrite à l'ordre du jour ?

Awa sentit sous ses fesses le format carré de son passeport, coincé dans la poche de son jean. Elle se demanda s'il faudrait
5 du temps à la police pour retrouver la trace d'une adolescente en fuite à Oléron.

Une publicité vantait la teneur en Oméga 3 d'une margarine. Aminata insista :

– Donc, je disais, Dado m'a raconté quelque chose
10 d'intéressant.

– Mmmmmff, fit Bocoum, les yeux vissés au poste de télévision.

L'émission reprenait.

– À propos d'Ernestine, d'Awa, et du village.

15 Awa s'était débranchée, perdue dans la contemplation du papier peint aux motifs floraux. Comme Bocoum ne réagissait pas, Aminata attrapa la télécommande et coupa le sifflet de Christophe Dechavanne. L'écran devint sombre et silencieux. Amayel, surprise, se tortilla et glissa du sein. Aminata la replaça
20 d'un geste rapide, et le travail acharné de succion-déglutition reprit.

– Maintenant, vous allez m'écouter. Parce que ce que j'ai à vous dire, là, c'est une bonne nouvelle, *kay*.

Et Awa, brutalement reconnectée avec la réalité, dégringola
25 du papier peint. Son cerveau l'inonda de signaux de détresse. Bonne nouvelle pour qui ? Si Aminata prenait unilatéralement la décision d'éteindre le poste au beau milieu d'*Une Famille en or*, c'est que l'heure était grave. Bassirou avait eu un accident de « car rapide » ? Malick avait filé en douce avec la patronne

1 **une tractation** une négociation secrète, illégale et compliquée – 7 **vanter** *ici :* présenter comme un avantage – 7 **une teneur** un contenu – 16 **le papier peint** Tapete – 17 **couper le sifflet à qn** faire taire qn – 18 **Christophe Dechavanne** le présentateur de l'émission *Une famille en or* – 19 **se tortiller** bouger – 20 **acharné** *ici :* unermüdlich – 20 **la déglutition** le fait d'avaler – 24 **dégringoler** tomber, *ici :* arrêter de fixer qc – 25 **le cerveau** Gehirn – 25 **inonder** *ici :* remplir – 25 **la détresse** *ici :* le désespoir – 26 **unilatéralement** d'un seul côté, *ici :* sans demander l'avis des autres – 29 **un car rapide** *au Sénégal :* un taxi collectif – 29 **filer en douce** partir secrètement

de l'Hippopotame Connecté ? Les élections étaient annulées ? Non. Impossible. Les bonnes nouvelles, c'était avant.

Bocoum se redressa, Awa se pencha presque malgré elle vers sa mère, qui expliquait :

5 – Il y a du nouveau. Vous savez, la pièce de théâtre d'Ernestine ?

Awa retomba dans les coussins : c'était donc bien une fausse bonne nouvelle. Aminata poursuivait tranquillement :

– Et bien, ils ont récité devant des gens du Conseil général, et
10 ils ont gagné de l'argent.

– Grand bien leur fasse, siffla Awa entre ses dents. Elle pourra se payer sa robe de Barbie.

– … et cet argent, comme il vient du Conseil général, il doit être bien dépensé, pour quelque chose de sérieux.

15 – On peut arrêter DEUX MINUTES de parler de la 6^{e}1 et de sa saloperie de pièce de théâtre ? ?

– Awa, il faut te calmer, aussi. Donc, ils ont dit aux enfants qu'ils avaient cinq mille euros, mais qu'ils ne pourraient pas y toucher : il faudrait les envoyer petit à petit dans un pays
20 pauvre. Ça s'appelle l'aide au développement.

Bocoum gardait un regard fendu posé sur Aminata, immobile comme un fauve à l'affût.

– Alors Ernestine a proposé d'envoyer l'argent au village, pour payer l'instituteur de l'école pendant cinq ans. Dado a
25 dit que le Consul de France allait bouger son *njaay fondé* pour remettre le prix à Bassirou.

Awa eut le sentiment d'entendre la phrase suivante une fraction de seconde avant que sa mère ne la prononce :

– Comme ça va beaucoup l'aider pour l'élection, Dado dit
30 qu'il sera d'accord pour laisser tomber le mariage.

Awa se jeta mentalement dans les vacances à Oléron, dans l'année de terminale, dans la chambre de bonne à Paris, qui

---

1 **annuler qc** *ici :* etw absagen – 11 **grand bien leur fasse** *expr* umso besser für sie –
16 **saloperie de**… *fam* Scheiß- – 21 **un regard fendu** les yeux à demi fermés exprimant
une certaine méfiance (p. 36) – 22 **un fauve** Raubtier – 22 **à l'affût** *m* auf der Lauer –
25 **un njaay fondé** *wolof* un gros postérieur p. 87 – 28 **une fraction** Bruchteil

serait sur une place pavée avec un café et une boulangerie. Mais Bocoum avait lâché :

– C'est hors de question.

Ses narines frémissaient.

5 – Vous n'avez toujours pas compris ? Toi non plus, Aminata ? TU N'AS PAS COMPRIS ? C'est NON. Ce mariage aura lieu, un point c'est tout. Il n'y a pas d'instituteur qui tienne.

– Bocoum, pardonne-moi. Tu deviens aveugle et sourd, lui asséna Aminata d'une voix détachée.

10 Awa se demanda si la femme qui venait de balancer à son père un proverbe signifiant littéralement « tu deviens bigleux et bouché » était bien sa *mère* – qui s'avançait tranquillement sur le ring :

– Cet instituteur, c'est mieux pour le village qu'un mariage 15 triste dont ni l'homme ni la femme ne veulent. Tout le monde serait heureux que ça se passe comme ça. Et Bassirou, tu imagines la réputation que ça va lui faire, s'il a de quoi payer l'instituteur pendant cinq ans ?

– Tout ça c'est du n'importe quoi. Aminata, tu me fatigues, 20 toi aussi ! Ma propre femme ! s'emporta Bocoum, qui avait bondi du canapé. Mais tu étais d'accord, non ? Cinq jours, cinq mois ou cinq ans, c'est le même prix. Celui qui a suivi le plan d'une femme se noiera !

Il écrasa son poing sur le mur et toute la pièce vibra. Le salon 25 était traversé de câbles électriques à haute tension. L'air en était tellement saturé qu'Awa explosa :

– Mais MERDE ! Mais alors qu'est-ce qu'il te faut ? Que je me tire une balle ?

– Réfléchis, Bocoum, dit Aminata, car celui qui a abandonné 30 ses perruches sera dans la solitude et dans le regret.

---

1 **paver** pflastern – 9 **détaché** *ici* : calme – 11 **bigleux** *fam* qui voit mal – 12 **bouché** *ici* : *fam* qui ne comprend rien – 23 **se noyer** ertrinken – 25 **la haute tension** Hochspannung – 26 **saturé** *ici* : plein – 28 **se tirer une balle (dans la tête)** *fam* sich eine Kugel in den Kopf schießen – 30 **une perruche** Sittich

– Si une femme est laissée à elle-même, c'est un danseur qui l'épouse ! répliqua Bocoum en regardant Awa comme si elle était déjà une femme perdue.

– Ne dis pas ça ! fit Awa, les lèvres brûlantes. C'est la fierté
5 seulement qui t'empêche de changer d'avis ! Je n'ai rien à voir dans votre histoire, moi, je ne vous ai rien demandé ! Et je ne vous demanderai plus jamais rien. VOUS NE ME VERREZ PLUS JAMAIS.

– Awa, pardon, il ne faut pas tout compliquer, l'interrompit
10 Aminata. Non, rassieds-toi.

Et, en s'adressant de nouveau à son mari :

– Présomption est perdition, Bocoum. Apprendre ce que c'est qu'être aveugle est facile : ferme seulement les yeux.

– HA ! C'est toi qui es peu facile, disjoncta Bocoum. Parce
15 qu'il y a de l'argent qui arrive, tu me critiques, tu veux tout décider ? Tu penses peut-être que ça me fait plaisir, de gâter ma santé à l'usine ? Et pour qui ? Hein ? Pour vous *nourrir*, toi et tes enfants – une bande d'ingrats ! À quoi bon, tout ça ? Celui qui ne connaît pas les noix de kola les fera sûrement griller !

20 Awa ferma les yeux et se recroquevilla. Après un court silence pendant lequel les battements sourds de son cœur occupèrent tout son espace sonore, elle entendit distinctement sa propre mère prononcer ce proverbe historique qui, finalement, étendit Bocoum par K.-O. :

25 – La diarrhée ne rate pas le cul, Monsieur mon mari.

La porte claqua quand Bocoum quitta l'appartement et Awa sentit la main d'Aminata se poser sur son épaule.

– Tu sais, Awa, ton père là, j'ai été plus forte que lui. Maintenant, il va réfléchir, et il va tomber d'accord.

---

12 **la présomption** l'arrogance, la fierté – 12 **la perdition** *ici :* Verderben – 14 **disjoncter** *fam ici :* ausrasten – 16 **gâter** *ici :* gefährden – 18 **un ingrat** Undankbarer – 19 **une noix de kola** une grosse noix qui pousse en Afrique, utilisée comme nourriture pendant les célébrations – 21 **sourd** *ici :* dumpf – 25 **la diarrhée** Durchfall – 25 **le cul** *fam* Arsch

Intermède

Bocoum descendit sur la grande flaque de béton qui séparait la cité du centre commercial. Un crépuscule violet tombait sur Villepinte, des carrés lumineux éclairaient les tours de
5 l'intérieur.

Une voiture se gara. Le conducteur klaxonna. Quelques secondes plus tard, deux énormes baffles sortirent de l'immeuble, soutenues par une paire de jambes qui avançaient péniblement. Bocoum s'avança, saisit l'une des enceintes, la
10 porta sur la dalle et la cala dans le coffre ouvert. Il transpirait.

– Merci, tonton. Une cigarette ?

Il commença par refuser, puis se ravisa, approcha son visage du briquet, tira une bouffée et sentit sa tête tourner.

Le béton vibra des pulsations d'un rap.

15 Bocoum s'assit sur une marche et laissa la cigarette se consumer entre ses doigts.

Puis il se leva et, d'un pas lent, gagna le cybercafé-télécentre-épicerie-dépannage Diallo. Sur la vitrine, une affiche géante du candidat n°56 au premier tour des élections
20 présidentielles guinéennes, un cousin du gérant, accueillait le client d'un chaleureux « Votez pour Diallo, votez pour le plus beau ! » Le Diallo en question avait visiblement eu recours au service d'un relookeur et arborait une chemise rose, une cravate rouge et un complet vert bouteille. Le cousin Diallo
25 n'était pas exactement le plus beau. Le plus stylé, peut-être ?

Les gonds grincèrent, les babouches de Monsieur Bocoum franchirent le seuil du magasin en habituées.

---

6 **se garer** parken – 6 **klaxonner** hupen – 7 **une baffle** Lautsprecherbox – 9 **une enceinte** *ici :* une baffle – 12 **se raviser** changer d'avis – 16 **se consumer** *pour une cigarette :* herunterbrennen – 18 **une épicerie** un magasin avec des produits pour la vie de tous les jours – 20 **un gérant** Geschäftsführer – 22 **avoir recours à** *ici :* être aidé par – 23 **arborer** *ici :* porter fièrement – 24 **un complet** un costume – 26 **un gond** Türangel – 26 **des babouches** *fpl* des chaussures traditionnelles africaines – 27 **le seuil** l'entrée

– Je prends la 5 ! lança Bocoum en direction du bonnet à pompon qui dépassait d'un comptoir sur lequel des piles de cube Maggi ne tenaient en équilibre que par l'intervention du Saint-Esprit.

5 – Ha, Bocoum, c'est toi ! opina le pompon. C'est d'accord, vas-y.

Bocoum s'engouffra dans la cabine numéro 5. C'était la seule dotée d'une chaise assez large pour s'y affaisser, ce qui est très utile lorsque l'on s'apprête à passer un coup de fil à 10 l'issue incertaine.

Il composa le numéro de Bassirou.

– Allô, *Salam Aleykoum*, Bassirou Bocoum en personne, que puis-je pour vous ? fit Bassirou lorsqu'il décrocha après quelques sonneries. Il avait son intonation de campagne 15 électorale – une grosse louche d'amabilité et un soupçon d'hypocrisie.

– Bassirou, c'est moi, Bocoum de Paris, comment vas-tu ? Et au village ? Et comment va la famille ? Et comment va la santé ? Et comment va... égraina Bocoum respectueusement.

20 – Khalidou ! l'interrompit Bassirou. D'abord Dado qui a appellé quand j'étais sorti pour le business, ensuite toi... Quelqu'un est mort chez toi ou c'est une maladie ?

– Tout le monde a la santé, heureusement, mais les femmes, tu sais ce que c'est...

25 – ... ne m'en parle pas.

– ... se sont mis quelque chose en tête dont je dois t'entretenir avant qu'elles ne pensent qu'elles vont décider sans nous.

– Tu sais ce qu'on dit : si ta mère t'a préparé à manger, 30 mange. Si elle te propose une combine, refuse.

---

1 **un bonnet à pompon** Mütze mit Bommel – 2 **un comptoir** Theke – 3 **par l'intervention** f **du Saint-Esprit** *fig* par magie (**le Saint-Esprit** der Heilige Geist) – 8 **s'affaisser dans une chaise** s'y laisser tomber – 10 **l'issue** f **de qc** *ici :* la façon dont qc va se finir – 15 **une grosse louche de qc** *fig* beaucoup de qc – 15 **l'amabilité** f la gentillesse, la politesse – 15 **un soupçon de qc** un peu de qc – 16 **l'hypocrisie** f ≠ la sincérité – 30 **une combine** Trick

Khalidou Bocoum exposa du mieux qu'il put, compte tenu de la friture sur la ligne, l'histoire de la pièce de théâtre, du prix, de l'aide au développement, du salaire de l'instituteur. Il dit même un mot de la venue du Consul au village.

5 – Dado a trop la mentalité d'ici, qui est toute en cupidité. Elle croit qu'on peut acheter l'honneur avec cet argent, là, mais moi, j'ai expliqué à Aminata qu'une promesse est une promesse, et que nous n'avons pas rompu les liens avec la famille.

10 Il y eut un silence dans le combiné.

– Allô?

– Oui, Khalidou, mon frère… Nous savons tous comme tu participes à la vie du village avec les mandats que tu envoies, et il n'y a pas une séance de conseil où quelqu'un ne s'interroge 15 sur la façon dont tu aurais traité le problème qui nous occupe.

Dans sa cabine exiguë, Khalidou Bocoum sentit le réconfort lui picoter la poitrine. Bassirou continuait à l'emmener doucement là où il voulait en venir :

– Mais, mon frère, toi qui es la sagesse même, je sais ce 20 que tu vas me dire : que les mariages, là, quand la femme ou l'homme ne veulent pas, ça commence à poser des problèmes.

– Oui, hasarda Bocoum.

Il n'était pas sûr de bien comprendre.

– Ah, ça ne m'étonne pas de toi. Tu as toujours su d'où venait 25 le vent, remarqua Bassirou, qui parlait en fait de lui-même. Et quand je réfléchis à ton argument, je pense à une histoire qui est arrivée ici pas plus tard que la semaine dernière. L'oncle de la petite Khadidja, Daouda Bâ, avait promis sa nièce au fils de Kane, le chef de village d'Anam. Eh bien, la fille n'était pas 30 d'accord et sa propre mère, la femme de Bâ, a organisé une manifestation devant la préfecture. Il y avait un monde fou. Tu imagines ? Je passais devant juste à ce moment là. Je leur ai

---

2 **la friture** *ici :* des petits sons qui gênent la conversation – 5 **la cupidité** l'amour de l'argent – 8 **rompre** casser – 10 **le combiné** le téléphone – 14 **une séance** *ici :* Sitzung – 16 **exigu** petit, étroit – 16 **le réconfort** Trost – 31 **la préfecture** la mairie

apporté mon soutien, évidemment, la presse et la radio étaient là. J'ai même fait un petit discours bien senti sur le droit des femmes. Alors évidemment, tu as raison, marier Malick et Awa dans ces conditions, ça devient gênant.

5 Bocoum s'enfonça dans la chaise. Pourquoi le monde entier est-il subitement hostile ? se demanda-t-il. Pourquoi est-ce que tout ne peut pas rester comme avant ?

Bassirou en remit une couche :

– Ah, Bocoum, tu m'impressionnes ! Cinq ans de salaire de 10 l'instituteur, là, mais on y gagne sur tous les plans ! Et le Consul en prime... non, tu as été sublime.

– Oui, il me semblait bien que c'était la meilleure solution, articula son interlocuteur en essayant de faire percer la sincérité dans sa voix.

15 – Tu es devenu un vrai progressiste, *dê* !

Si Khalidou Bocoum avait su que les parents d'Agathe se disaient « progressistes » parce qu'ils défendaient le droit à l'adoption par les homosexuels, il se serait senti outragé.

– Je vais te confier le fond de ma pensée, à toi qui nous 20 éclaires tous de la force de ton raisonnement : avec ces mariages où on signe à la mairie, maintenant, on a des femmes au village qui demandent le divorce. Et tout le monde a l'air content : on dit que c'est le progrès, le fruit de la scolarisation ! Alors tu vois, avec l'instituteur, on va brosser les électeurs dans 25 le sens du poil.

– Mmm, fit Bocoum, perdu dans le labyrinthe de ses pensées progressistes.

Tout ça au nom de quoi ? Quel intérêt pour les femmes de faire des études si c'est pour finir célibataires comme Dado ? 30 Quel intérêt pour les femmes de choisir leur mari si c'est pour en divorcer ? Et Aminata, pourquoi s'était-elle liguée contre lui ? Elle non plus, elle ne l'avait pas choisi, son mari. Et alors ?

---

11 **sublime** *ici :* génial – 18 **outragé** beleidigt – 23 **le fruit** *ici :* le résultat, la conséquence – 24 **brosser qn dans le sens du poil** *fig* dire à qn ce qu'il veut entendre – 31 **se liguer contre qn** faire front contre qn

Elle n'en avait pas fait une telle histoire, à l'époque. Elle était bien contente d'épouser Bocoum et de partir en Europe, voilà tout. Et lui, hein ? Est-ce qu'on lui avait demandé son avis en le mariant à Aminata ?

5 – Je suis bien d'accord avec toi, Khalidou. Le foutanké n'a qu'une parole ; mais si nous sommes au milieu des crapauds accroupis, ne demandons pas une chaise.

Sur quoi ils échangèrent les salutations d'usage et raccrochèrent chacun leur combiné. Bocoum entreprit de 10 s'extraire de la cabine numéro 5, épaules voûtées, dos creusé.

– Combien est-ce que je te dois ? demanda-t-il au postérieur de Monsieur Diallo.

Le gérant de la boutique était à quatre pattes, occupé à ramasser les cubes Maggi étalés à terre, mosaïque d'art 15 publicitaire jaune et rouge.

Le postérieur se releva pesamment, secouant le pompon, et le visage poupin de Monsieur Diallo se tourna dans un sourire.

– Attends, je vais voir à l'ordinateur.

Diallo se pencha par-dessus son comptoir, multiplia le temps 20 écoulé par le tarif affiché au mur et, en bon commerçant, arrondit au chiffre inférieur.

– Quatre euros, chef.

Comme un automate, Bocoum fourragea dans sa poche, attrapa des pièces de monnaie qu'il fit tinter sur le comptoir 25 et salua poliment le boutiquier. Puis il partit ruminer dans la nuit.

---

5 **un foutanké** un habitant du Fouta p. 16 – 6 **un crapaud** Kröte – 7 **accroupi** in der Hocke – 8 **d'usage** *m* habituel – 10 **s'extraire d'un lieu** en sortir – 10 **voûté** krumm – 10 **creusé** hohl – 17 **poupin** pausbäckig – 24 **tinter** sonner – 25 **ruminer** *ici : fam* penser, réfléchir

Chapitre 15

Agathe était dans sa chambre, assise à son bureau. Elle attendait Awa, qui avait dit trente-cinq minutes plus tôt qu'elle était au coin de la rue. Ce qui signifiait probablement qu'elle
5 sortait de sa douche et ne s'était pas encore séché les cheveux.

Agathe avait ouvert son compte Facebook et lisait distraitement les posts sur son mur quand un nouveau message apparut, signé « Zeboss ».

> J'ai rencontré un gars à l'Hippo. Il
10 > s'appelle David, il vient d'Ardèche.
> Il cherchait un prof de djembé.

Ça me fait une belle jambe, commenta mentalement Agathe. « Zeboss » reprenait :

> David dit que les rousses ont une odeur
15 > particulière quand il pleut.
> Ça m'a paru louche, mais je voulais me
> documenter.

Elle soupira et rédigea sobrement :

> Ton pote est un abruti.

20 Puis, comme l'écran restait blanc, elle relança :

> Il l'a trouvé, son prof de djembé ? Il
> paraît que c'est bon quand on n'a pas de
> cerveau de taper en rythme sur un objet.
>
> Oui : moi. Je suis percussionniste dans un
25 > groupe, on a joué dans plusieurs festivals.
> Je lui ai proposé de lui montrer les bases.
> Faut croire que moi aussi, ça me fait du
> bien, de taper en rythme sur un objet.

---

11 **un djembé** [dʒɛmbe] un tambour africain – 16 **louche** *ici :* bizarre – 19 **un pote** un copain – 19 **un abruti** *fam* un idiot

Prof de djembé, percussionniste. Agathe sentit ses genoux mollir sous le bois du bureau. Elle se dépêcha d'écrire :

```
     En revanche, il arrive quelque chose de
     merveilleux aux rousses quand il y a du
5    soleil. Je dis ça pour ta documentation.
```

Délestage ou thé, la réponse mit un peu de temps à s'afficher :

```
     Vraiment ? Je sais que tu conçois les
     percussions comme une alternative au cerveau
     mais ne me raconte pas que vous devenez
10   phosphorescentes ou un truc du genre.

     Et pourtant… c'est presque ça.
```

Elle attendit, les mains croisées, histoire de ménager son effet, puis écrivit :

```
     Au soleil, les rousses s'illuminent d'une
15   constellation de petites taches corail, qui
     s'appellent les éphélides.
```

Son amour-propre prit un coup quand elle reçut comme réponse :

```
     Un peu comme la varicelle ?
```

20 Elle rédigea un démenti et l'accompagna d'une photo de la top-model Audrey Marnay, que Malick trouva maigre, puis elle téléchargea l'image d'un énorme baobab qui lui avait été postée en retour, sans que le lien entre les deux ne lui apparaisse très nettement.

25 « Zeboss » reprit :

```
     Et sinon, chez toi, ça va ? Le bac là…
     tranquille ?
```

En début de semaine, Agathe avait rêvé que Montaigne, devenu examinateur de l'oral de français, l'écoutait d'abord
30 en caressant sa barbiche puis, contre toute attente, lui mordait sauvagement les chevilles. Mais elle répondit :

---

1 **mollir** devenir *mou* (*ici :* schlaff) – 7 **concevoir** *ici :* considérer – 12 **croisé** *ici :* gefaltet – 12 **ménager un effet** entretenir le suspense – 16 **des éphélides** *fpl* À part Agathe et le corps médical, tout le monde les appelle « taches de rousseur ». → p. 19. – 17 **l'amour-propre** *m* Selbstachtung – 19 **la varicelle** Windpocken

Ouais. Tranquille. Et toi ? Ça va ?

Sénégalaisement.

Qu'est ce que c'est, ça, sénégalaisement ?
Ça veut dire qu'il fait chaud ?

5   Non, non. C'est une expression qu'on emploie
    ici. C'est pour dire : ça peut aller.
    C'est pas comme si on était en Europe :
    on n'a pas la FNAC, le Parc des Princes,
    le Zénith, la TNT et les supermarchés
10 discount, mais pour des gens qui vivent
    ici, on se maintient.

Malick-Ze-Boss disparut brusquement de la toile. Visiblement, ce jour-là, en plus du reste, il leur manquait un approvisionnement en courant électrique. Agathe reprit d'une
15 main molle couverte d'éphélides ses fiches de commentaires de texte mais l'instant d'après, l'interphone lui brailla dans l'oreille.

Awa entra dans la chambre et lança son sac sur le lit :
   – Ça va ?
20   – Ouais. Villepintement.
   – C'est quoi ça, villepintement, encore ?
   – Ça veut dire : c'est le premier jour des soldes. Si on était à Paris, on pourrait aller à la FNAC, chez Zara, Promod, Princesse TamTam. À Villepinte, on peut aller zoner avec la racaille à
25 Carrefour. Apprécie la nuance.
   – Au moment où on parle, les minettes des beaux quartiers se ruent sur les soldes : bilan, elles vont se tauler au bac. Et nous, qui n'avons pas d'autre choix que de réviser, on va leur

---

8 **le Parc des Princes** un grand stade parisien – 9 **le Zénith** une salle de concert à Paris – 9 **la TNT** *abrév de* télévision numérique terrestre (Digitalfernsehen) – 14 **un approvisionnement** Versorgung – 16 **un interphone** Sprechanlage – 24 **zoner** → la zone p. 45 – 24 **la racaille** *péj* Abschaum – 26 **une minette** une fille coquette – 27 **se ruer sur** se précipiter sur – 27 **se tauler** *fam* ≠ réussir

dégommer leurs places en prépa. Et elles sont où les prépas ?
Dans les beaux quartiers de Paris. Plein de magasins. Donc :
arrête de faire la larve et sors *Les Essais.* Tu ne savais même pas
à quel siècle ils avaient été écrits, la dernière fois.

5   Agathe roula de sa chaise sur la moquette et secoua la tête.
    – J'ai une théorie là-dessus.
    – Une théorie sur *Les Essais* ?
    – Non non. Une théorie stratégique. Pour bosser
progressivement : un peu cette année, on monte d'un cran
10 l'année prochaine et on poursuit sur la même lancée pour être
    à fond en prépa. C'est bien, ça, non ?
    Awa, qui déposait ses classeurs sur le bureau, tomba nez à
    nez sur la photo de baobab toujours ouverte à l'écran.
    – D'où tu sors un baobab, toi ?
15 Agathe se dépêcha d'ouvrir le cahier d'Awa et se lança
    dans une interrogation pointilleuse concernant *La Condition*
    humaine de Malraux. Awa connaissait les textes sur le bout
    des ongles, ce qui était un tantinet déprimant. Mais elle ne
    reparlait pas du baobab, et c'était toujours ça de pris.

20 Madame Masmondet gratta à la porte et passa ce qu'Agathe
    appelait sa « tête de mère » dans l'embrasure : un regard
    curieux et intrusif.
    – ON FRAPPE AVANT D'ENTRER.
    – J'AI frappé.
25 – Oui, mais tu n'as pas attendu la réponse.
    Le regard de Madame Masmondet s'arrêta sur le lit :
    – Tu as un sac à dos, Awa ? Tiens, je croyais que c'était
    complètement vingtième siècle ?
    Agathe grogna :
30 – Eh oh, tu n'as pas un cours de water-poney là ?

---

1 **dégommer** *fam ici :* prendre – 3 **une larve** *ici : fam* Waschlappen – 9 **un cran**
un niveau – 10 **sur la même lancée** mit dem gleichen Sprung – 11 **à fond** *ici :* au
maximum – 16 **pointilleux** très précis – 17 **sur le bout des doigts / ongles** *mpl* très
bien – 18 **un tantinet** un peu – 22 **intrusif** qui s'introduit sans en avoir le droit

– Ma fille, poursuivit Madame Masmondet, imperturbable, en s'adressant à Awa, ma fille va en cours avec un « cabas ». Le truc que prennent les vieilles dames pour faire leur marché. Agathe, je peux te mettre un ouvrage en tricot dedans, si tu
5 veux. Ou alors, tu ne voudrais pas un panier en osier ?

Elle tripatouillait, songeuse, les bretelles noires du sac à dos.

– Dans mon lointain vingtième siècle, on rêvait toutes d'en avoir un comme ça, continua-t-elle.

– Parce que vous utilisiez quoi, vous, pour aller au lycée ?
10 interrogea poliment Awa.

– Un cartable.

Agathe leva au plafond un regard navré. Awa eut un sourire de compassion.

– Je vous laisse bosser. Je suis contente, que... heu... que tout
15 se passe bien pour toi, Awa.

Quand elle eut quitté la pièce, Agathe soupira :

– Moi aussi je suis contente que tout soit résolu pour toi. Mais en même temps... je m'étais fait des films : j'avais imaginé que tu devrais quitter ta famille, que tu viendrais vivre ici, qu'on
20 serait tout le temps ensemble. Maintenant, j'ai l'impression de ne plus servir qu'à te faire rabâcher ce que tu sais déjà.

Awa rongeait consciencieusement la cuticule de son majeur, ce qu'Agathe savait lié, chez elle, à un processus de réflexion. Elle finit par dire :

25 – Note que mes parents sont d'accord sur le fait qu'il serait plus prudent que je ne vienne pas au Sénégal, cet été. Histoire que tout le monde oublie ce mariage.

– Et tu ferais quoi ?

– Ils ont demandé à ma tante que je reste avec elle. Elle
30 m'emmènerait à son congrès sur les trucs dégoûtants qui

---

1 **imperturbable** unerschütterlich – 4 **un ouvrage en tricot** *m* Strickarbeit – 5 **un panier en osier** Weidenkorb – 6 **tripatouiller** *fam* toucher – 6 **songeur** pensif – 6 **une bretelle** *ici :* Trageriemen – 12 **un plafond** Decke – 12 **navré** désolé – 21 **rabâcher** répéter – 22 **ronger qc** *ici :* an etw kauen – 22 **consciencieusement** avec application, de façon concentrée – 22 **la cuticule** Nagelhaut – 22 **le majeur** *ici :* Mittelfinger – 26 **prudent** *ici :* sûr – 26 **histoire que** *fam* pour que

poussent entre les orteils. Ensuite, on ferait un tour en Italie et
en août, je pourrais m'inscrire à un séjour en Angleterre, par le
comité d'entreprise de mon père.

– Tu rigoles ou quoi ? Ça ne fait pas le poids une seconde
5　face à un été dans ma famille à Oléron.

– Justement. Je me disais : mon père est un homme fier. Il
ne sera pas d'accord pour que je passe deux mois aux crochets
d'une famille qu'il ne connaît pas, et dont les revenus sont très
au-dessus des siens. À moins...

10　– À moins ? souffla Agathe, qui pensait déjà à l'emplacement
dans le jardin où le muret s'était affaissé, par lequel on pouvait
facilement faire le mur pour rejoindre les feux de camp allumés
sur la plage.

– À moins qu'il ne puisse rendre la pareille. Je peux leur
15　proposer que tu viennes l'été suivant avec moi au Sénégal. Moi,
ça me permettrait d'y retourner dans de bonnes conditions.
Mes parents, ils savent que tu serais accueillie au village, qu'on
prendrait soin de toi. Les tiens, ils auront juste à te payer un
billet d'avion : l'année du bac, ça ne devrait pas poser de souci,
20　non ? Comme ils sont progressistes, en plus... Et toi... ce sera
une occasion de voir les baobabs. En vrai. Et les gens qui te les
postent, aussi.

Agathe se plongea dans *Les Contemplations* et il régna
dans la chambre, pendant quelque temps, un silence épais.
25　Intérieurement, les deux filles jubilaient.

---

1 **un orteil** un doigt de pied – 3 **un comité d'entreprise** Betriebsrat – 4 **ça ne fait pas le
poids face à qc** *ici* : c'est beaucoup moins bien que qc – 7 **vivre aux crochets** *mpl* **de qn**
vivre grâce à l'argent de qn – 9 **à moins que**… es sei denn … – 11 **s'affaisser** tomber –
12 **faire le mur** *expr* sortir secrètement la nuit

Chapitre 16

Awa rentra de l'oral de français avec une sensation de vide qu'elle décida de combler par l'absorption de Nutella à la cuillère. Elle prit une clé sur l'étagère des condiments et ouvrit
5 l'armoire interdite aux garçons, qui contenait les réserves de brioches sous vide, les pots de confiture, le Nutella, le Ketchup, ainsi que quelques bibelots particulièrement vulnérables aux assauts d'un ballon.

Elle aperçut à travers la vitre la silhouette d'Aminata, occupée
10 à étendre du linge sur le minuscule balcon qui courait sur toute la longueur de l'appartement, et toqua au carreau. Aminata se redressa, resserra le pagne autour du bébé emmailloté dans son dos et passa de biais la porte-fenêtre de la cuisine.

– Alors ? C'est fini, ces histoires de bac ?
15 Awa soupira et acquiesça, le majeur croisé sur l'index. Aminata se dandina jusqu'à la bouilloire qu'elle remplit d'eau et mit à chauffer.

– Grâce à Dieu. Cette maison va redevenir normale. Tu vas me faire le plaisir de ranger tous les livres que tu as laissé
20 traîner partout. Il y en a un, là, je ne peux plus voir sa tête barbue.

– C'est Victor Hugo.

– Qu'il quitte mon salon. Et toi, tu vas m'aider à faire des pastels. Ernestine a invité un garçon pour ce soir, elle dit qu'il
25 faut le traiter comme son fiancé.

Awa sourit en voyant sa mère secouer la tête de désapprobation et expliqua :

– C'est Jacob.

---

3 **combler** compenser – 4 **un condiment** Würzmittel – 6 **sous vide** *ici :* dans un emballage en plastique – 7 **un bibelot** Nippsachen – 7 **vulnérable** *ici :* qui peut être cassé – 11 **toquer** frapper doucement – 11 **un carreau** *ici :* une fenêtre – 13 **de biais** ≠ droit – 15 **le majeur croisé sur l'index** geste qu'on fait pour se porter chance ou porter chance à qn (Daumen drücken) – 18 **grâce à Dieu** Gott sei Dank – 27 **la désapprobation** le fait de ne pas être d'accord

– Je crois que c'est un bon musulman, *dê*. Il ne prend pas les endives au jambon, à la cantine.

– Il est juif, en fait.

Aminata fronça les sourcils :

5   – C'est quelle maladie, ça, encore ?

– Laisse tomber. C'est aussi le garçon qui joue le rôle principal, dans leur pièce.

– Ah oui. Leur pièce. J'ai réfléchi sur ça, là.

Elle servit le thé, dénoua le pagne sous ses seins en gardant
10 une main collée dans son dos, fit glisser le bébé et l'installa dans sa chaise haute, où il entreprit de baver.

Aminata enchaîna :

– Tu sais qu'il y a une coiffeuse qui va venir au théâtre pour faire la tête des enfants avant la représentation ? Elle connaît
15 Fanta, la maman de Binta, qui travaille avec sa sœur Maïmouna à l'hôpital d'Aulnay.

– Tu crois qu'elle va les tresser ? Genre : Molière façon rasta ?

– Pas du tout. C'est une championne du cheveu fin et mou, elle fait même les coiffures des mariées dans son salon de
20 Livry-Gargan. Elle m'a raconté que, quand elle était petite, au Burkina Faso, elle s'entraînait avec ses poupées : les cheveux de toubab, c'est comme les cheveux de poupée.

– Et comment tu la connais, elle ?

Aminata reposa sa tasse et la regarda d'un air surpris :

25   – Ben, par la PMI. C'est la maman de Moussa.

– Et tu disais que tu avais réfléchi.

– Oui, voilà : on peut dire à Bocoum que les billets, c'est moins cher en partant plus tard. Comme on s'y prend à la dernière minute, tout ça. On lui montre un tarif intéressant
30 le 16 ou le 17 juillet. Et après, on le laisse décider tout seul de partir à ce moment-là, tu comprends ? Et tout le monde va au théâtre à Paris, bien habillé et tout et tout.

– C'est ingénieux.

– C'est une idée de Mariama.

---

2 **une endive** Chicorée – 33 **ingénieux** *ici* : schlau, raffiniert

– Mariama ? demanda Awa, larguée.

– Oui, la petite qui fait les shampoings au salon, à Livry-Gargan.

– On peut regarder, pour les billets.

5   Elles s'installèrent devant l'ordinateur et le bébé, qui gigotait sur les genoux d'Awa, se plongea dans la contemplation de l'écran qui s'allumait. Elles lancèrent internet, interrogèrent le comparateur de prix, notèrent des tarifs inabordables pour le début du mois de juillet et, tout en bas de la feuille, un prix
10 raisonnable pour un départ à la date qui les intéressait.

Puis Awa glissa, prudente :

– Tu crois que je pourrais y aller, moi, l'année prochaine, au village ? Si je gagne un peu d'argent ?

– C'est chez toi, ma fille. Peut-être que tu nous as fait toute
15 cette histoire et que finalement tu décideras d'épouser ton cousin, l'an prochain. *Inch'Allah.*

– Je ne crois pas. Je connais quelqu'un qui est déjà sur le coup.

– Ah bon ?

20   – Oui. Ma copine Agathe.

– Ah non non non. Ça ne marchera pas. Un homme du Fouta, même s'il fait le moderne, il lui faut une femme qui sache traiter l'oignon. Et quoi, tu veux emmener Agathe avec toi ? Ses parents la laisseront aller en brousse ?

25   Awa trouva que le moment était favorable. Elle abattit sa carte :

– Je crois qu'ils la laisseront y aller plus facilement si vous acceptez leur invitation de m'emmener à Oléron cet été.

– Et ta tante, avec son congrès de champignons ?

30   Awa haussa les épaules. Aminata trancha :

– Si Dado est d'accord, pour moi, c'est bon.

– Et Papa ?

---

1 **largué** *ici : fam* qui ne suit plus, qui est perdu – 5 **gigoter** bouger – 8 **inabordable** *ici :* très cher – 23 **un oignon** Zwiebel – 25 **abattre sa carte** *fig* dire son argument

– Oh, tu sais, ton père, en ce moment, si on lui explique bien, il tombe d'accord. Range-moi l'autre barbu à la cave et laisse-moi le raisonner.

Quand Awa remonta du sous-sol, elles s'attaquèrent à la farce des pastels tandis que le bébé, couché sur une nappe posée à même le linoléum, essayait d'enfourner son pied dans sa bouche trop petite.

---

5 **un pastel** *au Sénégal :* un beignet (p. 71) avec une farce au poisson ou à la viande –
5 **une nappe** Tischtuch

Chapitre 17

15 Juillet (1)

Awa alluma l'ordinateur familial, beaucoup plus accessible depuis que les garçons étaient au centre de loisirs et
5 qu'Ernestine ne respirait plus que dans la perspective de la représentation de *L'École des Femmes*. Sur sa boîte mail figuraient deux invitations : l'une à rejoindre Facebook, l'autre à s'inscrire sur le chat gmail. Un troisième mail, signé Malick Bocoum, précisait :

10   Tu peux aussi te créer un compte SKYPE.
    Mais si tu tiens à rester archaïque, passe-
    moi un coup de fil, avec télérabais : je te
    raconterai le tabac qu'a fait la visite du
    consul général de France au village. Ta
15   petite sœur a grave assuré.

Elle choisit le chat gmail et put constater la qualité de la fibre optique sénégalaise : l'instant d'après, quelques lignes lui arrivaient de l'Hippopotame Connecté :

    Alors ?? Ton Bac français ? Tu as déchiré ?

20   Tu es très au courant, dis-moi. Il est 10
    heures ici, je ne suis pas sûre que les
    résultats soient déjà affichés.

    Ils ne sont pas en ligne ?

    Si, probablement, mais comme je suis
25   archaïque, j'ai décidé d'aller voir sur
    les grilles du lycée. À l'ancienne. Mais

---

12 **télérabais** un service de téléphone qui permet d'appeler à l'international pour moins cher (**un rabais** une réduction) – 13 **faire un tabac** *fam* avoir un grand succès – 15 **assurer grave** *fam* être très fort – 16 **la fibre optique** optische Faser – 19 **déchirer** *ici : fam* réussir de façon brillante

là tout de suite on arrête d'en parler
sinon je vais trembler et ça va rendre la
conversation compliquée. Tu vas bien, toi ?

5   La grosse, GROSSE forme. On vient de
postuler avec mon groupe au prix « RFI
Musiques du Monde ». C'est l'histoire de ta
sœur qui m'a donné l'idée. On a envoyé la
maquette, je croise les doigts. Si on gagne
(je tripe là, mais c'est bon de triper),
10   on se verra avant que tu viennes l'été
prochain.

Comment ça ?

Le lauréat fait un concert à Paris.

Je veux dire : qui t'a dit que je viendrai
15   au Sénégal l'été prochain ? La même qui t'a
communiqué la date des résultats du bac
français ?

L'hypocrisie de la réponse suinta à travers l'écran :
Pure intuition. Et pour les résultats du
20   bac, c'est la même date partout : les
élèves du lycée français de Saint-Louis
sont sur les dents depuis ce matin.

Mouais. Mettons. Alors, le consul de
France, il est déjà venu ?

---

5 **postuler** poser sa candidature – 8 **une maquette** *ici :* Probeaufnahme – 9 **triper** *ici :*
fam rêver – 18 **suinter** *ici :* se laisser deviner – 22 **être sur les dents** *fpl fig* être stressé,
avoir peur

Oui. Il avait un emploi du temps serré
avant de rentrer passer son été en famille
dans le Luberon. Tu sais que c'est le frère
du patron de Dado à l'Inserm ?

5   Oui.

Bon. Il est venu avec la voiture
diplomatique et ça, déjà, c'était l'émeute.
Ensuite ils ont prononcé des discours côte
à côte avec mon père, façon Obama et Sarko.
10   La remise du prix a été filmée par la RTS.
C'était une grande enveloppe symbolique ;
l'argent arrivera en septembre, avec
l'instituteur, qui vient de Dakar. Ensuite :
les chants, les danses, la bouffe, les
15   sucreries. La routine, quoi. Le consul a
acheté une famille de crocodiles en bois
pour son frère.

C'est bien, ça fera de la compagnie aux
rideaux imprimés d'éléphants. Je te laisse,
20   j'ai Agathe qui appelle sur le portable :
elle doit être hystérique dans son village
d'ostréiculteurs. Je l'embrasse pour toi ?

Un message vexé s'inscrivit en bas de l'encart du chat :
Malick Bocoum n'est pas connecté.
25   Il recevra votre message lors de sa
prochaine connexion à gmail.
Awa se dépêcha de décrocher :
– Poulette ? Tu as regardé les résultats sur le web ?

---

7 **C'est l'émeute.** *ici : fig* La foule est très excitée. – 10 **la RTS** *abrév de* Radiodiffusion
télévision sénégalaise – 22 **un ostréiculteur** une personne qui cultive les *huîtres*
(Auster) – 23 **un encart** *ici :* un petit cadre sur l'écran

À l'autre bout de la ligne : le chuintement de l'océan et un gémissement dans lequel il lui sembla entendre le son « non ».

– Tu n'as pas de réseau ?

– Si.

5 – Tu as la trouille ?

– Voui.

– J'y vais, là. Je regarde pour toi ?

– Vouiiiiiiiiiiiiii.

– Bon. J'attends que ma tante arrive et je fonce. Je t'envoie
10 ça.

Encore quelques lamentations dans le combiné et Agathe raccrocha. Awa s'ébroua, prit sa carte Imagine R, du mascara et un gloss en perspective de la soirée au Trianon et partit à la rencontre de Dado. Elle la retrouva sur la place de la gare ; elle
15 achetait un énorme bouquet de fleurs pour le Nouvel Espoir du Théâtre Français. Elles attrapèrent un bus qui les déposa devant le lycée.

– Tu vois quelque chose ?

Awa se faufila jusqu'à la grille. Dado leva le bouquet pour
20 maintenir les fleurs hors de portée de la foule qui s'agglutinait. Déjà, Awa revenait, une pure expression de bonheur peinte en travers de la figure.

– 16 à l'écrit, 18 à l'oral.

Dado la serra dans ses bras.

25 – Toi aussi, tu mérites des fleurs. Mention Très Bien, rien que ça…

– Laisse tomber, les fleurs, c'est pour les actrices. Tu m'offriras un bon stylo-plume pour le bac général. D'autant que la mention Très Bien, c'est pas encore fait.

30 Dado sourit.

---

1 **un chuintement** Zischen – 2 **un gémissement** Stöhnen – 5 **avoir la trouille** *fam* avoir peur – 9 **foncer** *fam* faire vite – 12 **s'ébrouer** *ici* : bouger, se secouer – 19 **se faufiler** avancer parmi les gens – 20 °**hors de portée** *f* **de qn** außer jds Reichweite – 20 **s'agglutiner** *ici* : drängen – 25 **une mention** *ici* : Auszeichnung

– Je vais regarder pour Agathe. Elle va nous faire un malaise dans un parc à huîtres.

– Elle est déjà partie ?

Awa hocha la tête.

5 – Ses parents sont en vacances depuis le week-end dernier. Moi, je me serais fait dégommer par Ernestine si je n'étais pas restée. Remarque, je lui dois bien ça. Tu sais qu'elle se cherche un nom américain pour faciliter son insertion à Hollywood ?

Awa essayait de trouver « Masmondet » sur le tableau 10 d'affichage quand l'adolescente devant elle fondit en larmes et recula précipitamment. Dado la suivit des yeux, les sourcils levés.

– Laisse tomber, murmura Awa. Celle-là, elle était quelques rangées devant moi, je l'ai vu girafer pendant l'écrit.

15 – Girafer ? Comment peut-on girafer un commentaire de texte ou une dissertation ? s'étonna Dado.

– Ben je crois qu'elle vient d'arriver à la conclusion qu'on ne peut pas.

La fille se faisait tapoter le dos par une camarade gothique, 20 dont le geste maladroit résonnait du cliquetis des nombreuses chaînes métalliques qu'elle portait sur toute la hauteur de son avant-bras. Dado ne put pas s'empêcher de remarquer :

– C'est dommage que ton prof de français ne soit pas là. Il serait fier de toi.

25 – Il peut ; à l'oral, j'ai ressorti mot pour mot son laïus sur le déterminisme tragique d'Antigone. Il doit être au Trianon avec les schtroumpfs. Je lui tomberai dessus ce soir pour lui annoncer.

Awa était en train d'inscrire sur son clavier de portable : 30 *Écrit : 11 ; Oral : 13, tu peux respirer ma Poule*, quand Dado, qui avait pourtant fermement décrété Marcel Mérindol mort et enterré, la relança sur le ton de la conversation :

– Il se donne du mal, quand même, pour ses élèves.

---

1 **faire / avoir un malaise** ohnmächtig werden – 6 **dégommer** *ici : fam, fig* umbringen – 14 **girafer** copier sur son voisin/ sa voisine pendant un examen – 20 **un cliquetis** *ici :* Rasseln – 25 **un laïus** [lajys] un discours – 27 **un schtroumpf** Schlumpf

– Tu parles, fit Awa en sélectionnant le numéro d'Agathe, il n'a rien d'autre dans sa vie.

Elle envoya le SMS.

Dado sentit le bloc de ciment qui s'était logé dans son estomac exploser en une série de ricochets.

– Tu exagères, non ? Il a bien une vie privée ?

– Rien, je te dis ! Tout le monde sait ça au lycée. Il a eu une longue histoire en fac de lettres et la fille est partie après son CAPES à Saint-Pierre-et-Miquelon.

– Vous êtes bien informées, les filles Bocoum.

Awa enlaça Dado, qui maintenait son bouquet au-dessus de la marée de lycéens :

– Je voulais te dire... après cette menace de mariage, j'ai l'impression que tout ce qui m'arrive gagne en intensité. Que les notes du bac ont plus de goût. Que les vacances à Oléron ont une plus forte odeur d'iode. Même marcher dans la rue, là, avec toi, c'est un plaisir que je ressens davantage. Je voulais te remercier. Tu m'as supportée, tu m'as soutenue, tu m'as défendue. Tu es comme un gros coussin qui rend ma vie plus moelleuse.

Dado mima le coussin en arrondissant les bras et en gonflant les joues, elles rirent toutes les deux et elles descendirent dans le RER. Un peu plus tard, elles prirent la ligne 2 et émergèrent à la station Anvers.

– Je ne t'ai pas dit ? J'ai reçu la réponse du New England, pour mon article : accepté !

Awa bondit sur la dernière marche de la station de métro.

– C'est énorme ! Donc, les champignons intéressent quelqu'un !

– Enflure...

---

5 **un ricochet** *ici : fig* Abprall – 9 **le CAPES** *abrév de* Certificat d'aptitude au professorat de l'enseignement du second degré, diplôme qui permet de devenir professeur en collège et lycée – 9 **Saint-Pierre-et-Miquelon** un territoire français (une île) près du Canada – 20 **moelleux** *ici :* (kuschelig) weich – 23 **émerger** *ici :* sortir – 30 **une enflure** *ici :* un idiot

– Non : levure ! On a le temps d'aller boire un verre pour fêter ça ? Ce sera une bonne manière d'entamer l'argent de mon baby-sitting.

– Vendu.

5 Elles montèrent à Montmartre, pendant que les premiers parents d'élèves franchissaient les portes du Trianon.

---

1 **la levure** Hefe (*ici :* micro-organisme qui fait partie des champignons)

Chapitre 18

15 juillet (2)

« Couic ! Couic ! »

Le Ministre de la Jeunesse et des Sports crut reconnaître le
5 grincement de dents de son directeur de cabinet, mais il se
rappela que son collaborateur assistait ce soir-là à une finale
de ping-pong disputée à Clermont-Ferrand.

« Couic ! Couic ! »

La conseillère générale lissa sa jupe du plat de la main pour
10 vérifier que tout était bien en place, en particulier ses collants,
qui avaient une fâcheuse tendance à remonter lorsqu'elle était
assise. Sous ses cuisses, le velours rouge grattait. Elle se tortilla,
et le ressort du siège grinça.

« Couic ! Couic ! »

15 À côté d'elle, la directrice du collège se demanda si elle avait
bien éteint son téléphone. Elle le sortit de la poche de sa veste
et pianota sur les touches argentées. Éteindre ce téléphone.
Comment on fait, déjà ? Peut-être qu'il faut juste diminuer le
volume de la sonnerie. Et les messages ? Ce ne serait pas un
20 message, ça, "couic couic" ?

« Couic ! Couic ! »

À une rangée de là, Alain, le délégué syndical, glissa un coup
d'œil derrière lui vers les jumeaux Bocoum. Il suspectait l'usage
d'un objet louche destiné à faire un mauvais coup pendant la
25 représentation. Il tourna rapidement la tête pour créer un effet
de surprise. Il ouvrit des yeux grands comme des soucoupes
dans la direction des garçons, essayant à la fois d'identifier
l'origine du bruit et de leur faire comprendre qu'il n'était pas
dupe. Ils le regardèrent d'un air nigaud.

30 « Couic ! Couic ! »

---

10 **un collant** Strumpfhose – 26 **grands comme des soucoupes** *fpl* très grands (**une
soucoupe** Untertasse) – 29 **être dupe** sich täuschen lassen – 29 **nigaud** idiot, stupide

Assise à côté des garçons, Aminata se trémoussa sur sa chaise. Elle avait revêtu pour l'occasion un grand boubou rose vif et serti sa tête d'un foulard assorti monté en épingle. En entendant le couinement, elle se demanda si Sophie la
5 girafe était restée dans son sac à main. Elle se baissa et vida méthodiquement : un trousseau de clefs, un tube de rouge à lèvres, un portefeuille en strass, une tétine mâchouillée, le numéro de téléphone de la baby-sitter griffonné au dos d'un ticket de caisse, un Mars, un téléphone portable et un sifflet,
10 confisqué aux jumeaux sur le trajet pour le Trianon. Elle secoua son foulard de tête. Derrière elle, un tout petit monsieur tassé sur son siège glissa un épais journal sous ses fesses pour se rehausser.

« Couic ! Couic ! »

15 Bocoum n'aurait *jamais* dû mettre ces chaussures. C'est Diallo qui les lui avait vendues la veille. Du simili-cuir de première qualité, un bout aussi pointu que la Tour Eiffel, et une semelle solide comme la peau de l'éléphant. « Un peu trop justes ? Les matières premières de qualité, c'est normal que ce
20 soit petit, ensuite ça se donne », avait expliqué Diallo pendant l'essayage.

Bocoum était venu directement du travail avec Alain, en voiture. Ils avaient récupéré Aminata et les jumeaux sur la dalle, et ils étaient partis vers la Porte de la Chapelle. Une
25 fois garés devant le Trianon, Bocoum et Alain s'étaient discrètement changés : au moment où Bocoum força ses pieds à entrer dans ses nouvelles chaussures, il comprit que la soirée serait difficile.

Assis à sa place réservée à côté d'Aminata, Bocoum serrait les
30 dents. Ses orteils s'agitaient faiblement dans leur gangue trop

---

1 **se trémousser** s'agiter, bouger – 2 **un boubou** *en Afrique :* une sorte de large robe –
3 **un foulard** Schal – 3 **assorti** d'une couleur qui va avec le reste de ses vêtements –
3 **monté en épingle** *ici :* noué sur la tête à la manière africaine – 7 **mâchouiller qc**
auf etw herumkauen – 9 **un sifflet** Pfeife – 11 **tassé** *ici :* zusammengesunken – 13 **se**
rehausser → haut – 17 **pointu** spitz – 18 **une semelle** Sohle – 19 **une matière première**
Rohstoff – 20 **se donner** *ici :* devenir plus flexible – 30 **une gangue** *ici :* Schutzhülle

étroite, écrasés les uns contre les autres. Pour faire passer la douleur, Bocoum broyait son pied droit sous son pied gauche, puis inversement, et ainsi de suite. Chaque mouvement faisait naître un bruit de plastique grinçant : « Couic ! Couic ! »

5 Le brouhaha finit par couvrir l'affliction sonore de Bocoum.

Tout en haut, l'ouvreuse du centre du poulailler faisait asseoir rapidement les spectateurs en retard. Elle indiqua des sièges vacants à deux femmes qui, visiblement, avaient perdu leurs places réservées en bas. Une fois remplies les rangées 10 dont elle avait la charge, l'ouvreuse s'accorda quelques secondes de répit et s'accouda à la rambarde en bois ouvragé. Elle baissa la tête.

Le public, ce soir-là, était… *différent.*

Toutes les femmes n'était pas habillées en tailleur chic et 15 talons hauts : on en voyait en jeans – savamment maquillées ; en robe très, très courte et Doc Martens ; en boubou, comme Aminata ; en tenue traditionnelle chinoise, algérienne, turque, berbère, touarègue.

Tous les hommes n'avaient pas enfilé un costume sombre 20 et des mocassins en cuir. Certains avaient sorti leur plus beau jogging assorti des dernières Adidas Porsche Design série limitée. D'autres avaient certes opté pour un costume mais l'avaient choisi bleu vif, vert bouteille. Blanc brillant, comme Alain, qui avait également osé la cravate noire et le gilet rouge 25 sous sa veste, ce qui lui donnait un air de mafieux marseillais.

Toutes sortes de chapeaux dépassaient des rangées de spectateurs : des foulards, des bibis, des chapeaux melons, des casquettes, des chignons de dreadlocks. Et puis surtout, il y avait largement de quoi faire s'effondrer la moyenne d'âge des 30 spectateurs habituels du Trianon.

---

2 **broyer** zerquetschen – 5 **un brouhaha** un bruit général – 5 **une affliction** une douleur, une peine – 6 **un ouvreur** *au théâtre :* la personne qui mène les gens à leur place – 6 **le poulailler** *au théâtre : fam* la rangée la plus haute – 11 **le répit** le repos – 11 **s'accouder** sich mit den Ellbogen auf etw stützen – 11 **une rambarde** Geländer – 15 **savamment** de façon savante, *ici :* wohl – 25 **un mafieux** → la mafia – 27 **un bibi** *vx, fam* un petit chapeau de femme – 29 **s'effondrer** *ici :* descendre

– Tu les vois ? glissa Awa à l'oreille de Dado. Tu me passes les jumelles ?

– Pas besoin de jumelles, regarde, tu vois le foulard de tête d'Aminata ? Le rose, là ?

5 – On peut difficilement le louper, en effet.

Awa rit trop fort, ce qui attira sur elle le regard foudroyant de l'ouvreuse qui les avait fait asseoir au poulailler.

– Ça ne te réussit pas, le champagne, on dirait, remarqua Dado.

10 – C'est pas tous les jours que ma tante publie dans le New England. Il fallait marquer le coup, se défendit Awa.

– Mon directeur a beaucoup apprécié, en tous les cas. Je suis sûre qu'il te fera faire un stage l'été prochain, si tu veux.

– Merci, mais j'ai déjà d'autres plans, répondit Awa, qui 15 sentait bondir dans son cœur tant et tant d'autres plans qu'elle avait envie de hurler de joie.

Sur ce, les lumières s'éteignirent, les trois coups du brigadier résonnèrent, les rideaux s'écartèrent et la scène apparut.

« Vous venez, dites-vous, pour lui donner la main ? »

20 Le début de la pièce fut épuisant pour Bocoum. Dès la première réplique de Chrysalde – au début de laquelle on avait entendu, dans la salle, le petit frère d'Archibald s'étouffer de fierté : « Ba-bald ! Ba-bald ! », jusqu'à ce que son père le muselle – Bocoum avait lâché. Il ne comprenait pas les expressions, il n'entendait 25 pas bien les acteurs et, surtout, il luttait contre le sommeil. Il avait passé la journée sur les nouveaux modèles de 4x4, à poser et ébarber des carrosseries découpées par les robots dans un bruit infernal ; ses oreilles crissaient encore, les muscles de ses bras étaient engourdis. Les jumeaux en stéréo sur la banquette

---

2 **des jumelles** *fpl* Fernglas, *au théâtre :* Theaterglas – 5 **louper** *fam* manquer, rater – 6 **foudroyant** *ici :* vernichtend – 17 **un brigadier** *au théâtre :* le bâton avec lequel les trois coups sont frappés pour annoncer le début de la représentation – 23 **museler qn** *ici :* le faire taire – 25 **le sommeil** l'envie de dormir – 27 **ébarber** *tech ici :* putzschleifen – 28 **infernal** höllisch – 28 **crisser** *ici :* être plein du son des machines – 29 **engourdi** klamm

arrière pendant le trajet et ses pieds en compote dans les chaussures de chez Diallo l'avaient achevé.

« Épouser une sotte est pour n'être point sot. Je crois, en bon
chrétien, votre moitié fort sage ; mais une femme habile est un
5 *mauvais présage... »*

Jacob était vêtu d'une chemise bouffante rentrée dans un pantalon large aux nombreux plis, plissé et garni de dentelles. Ses chaussures à talon surmontées d'un nœud rose claquaient sur les planches. Il resta parfaitement maître de lui sous son
10 feutre empanaché quand il entendit :

« Une femme stupide est donc votre MARMOTTE ? »
– Tant, que j'aimerais mieux une laide bien sotte,
Qu'une femme fort belle avec beaucoup d'esprit. »

Bocoum regarda sa montre. Ernestine lui avait dit qu'elle
15 apparaîtrait après environ quinze minutes de jeu. Sa tête de plus en plus lourde se décolla de ses épaules et pendit dans le vide. Aminata, alertée par la respiration forte et régulière de son mari, se tourna vers lui et lui donna un coup de coude dans les côtes. Bocoum grogna et regarda à nouveau sa montre.
20 C'était le moment.

« Hé bien, Agnès, je suis de retour de voyage ! En êtes-vous bien
aise ? » demandait Arnolphe d'une voix ampoulée.

Ernestine s'approcha avec timidité. Elle portait une robe jaune poussin au corset serré qui s'évasait en froufroutant

---

2 **achever qn** *ici : fam* jdn völlig fertigmachen – 4 **la moitié de qn** *fig* l'homme / la femme qu'il / elle aime – 4 **habile** *ici :* intelligent – 5 **être un mauvais présage** ne rien annoncer de bon pour le futur – 6 **bouffant** *ici :* bauschig – 7 **la dentelle** Spitze – 9 **une planche** Brett – 9 **maître de soi** → la maîtrise de soi p. 95 – 10 **un feutre empanaché** Filzhut mit Federbusch – 19 **une côte** Rippe – 22 **être (bien) aise de qc** *vx* être heureux de qc – 22 **ampoulé** emphatique – 24 **un poussin** Küken – 24 **s'évaser** devenir plus large – 24 **froufrouter** rascheln

et retombait en godets à ses pieds. Des rubans colorés garnissaient ses manches. Ses cheveux étaient remontés en un haut chignon qui mettait en valeur un collier de perles blanches. Elle papillonnait des paupières, ingénue.

5 « *Oui, Monsieur, Dieu merci* », répondit-elle humblement, d'un ton inédit pour sa famille.

Après quoi Bocoum put enfin s'endormir. Il rêva qu'un groupe de terroristes en chaussures roses à talons s'emparait de la concession de Bassirou au Fouta et prenait son cousin en 10 otage. Les terroristes demandaient comme rançon un lot de mocassins en simili-cuir à bout pointu. Il se réveilla, stressé, sous le tonnerre d'applaudissements qui fit trembler le théâtre à la fin de la représentation.

Ernestine salua, gracieuse comme une ballerine, main dans 15 la main avec Jacob. Elle avait un air modeste qui était, selon Awa, plus éloigné de son naturel que la robe à godets et les alexandrins. Un rôle de composition, en somme, qui attendrit le public et enthousiasma la conseillère générale.

Il y eu quatre rappels. Puis le plafonnier de cristal se ralluma 20 et tout le monde se leva en même temps, embouteillant les couloirs, piétinant en direction des enseignes lumineuses qui surmontaient les sorties.

Jacob garda la main d'Ernestine dans la sienne : ils traversèrent les coulisses, contournèrent les décors, prirent 25 l'escalier qui menait aux loges et disparurent derrière l'épais portant des costumes. Puis Jacob attrapa la deuxième main d'Ernestine et plongea ses yeux bruns dans les siens.

---

1 **une jupe à godets** *mpl* Glockenrock – 1 **un ruban** Band – 2 **garnir** *ici :* décorer – 3 **un collier** Halskette – 4 **papillonner des paupières** *fpl* ouvrir et fermer les yeux très vite pour faire du charme – 4 **ingénu** naïf – 5 **humblement** simplement, ≠ fièrement – 6 **inédit** nouveau – 9 **une concession** *ici :* le terrain où se trouve la maison de qn et celles de sa famille – 10 **une rançon** ce qui est demandé en échange de la libération d'un otage – 17 **un rôle de composition** un rôle qui fait oublier la personnalité réelle de l'acteur – 17 **attendrir qn** toucher qn – 19 **un rappel** *pour un spectacle :* le fait de faire revenir les artistes grâce aux applaudissements – 19 **un plafonnier** une grande lampe – 20 **embouteiller** créer du trafic – 21 **piétiner** avancer très lentement – 21 **une enseigne** un panneau

– Tu as entendu ? chuchota-t-elle. Archi a encore fait le coup de la marmotte...

– Oui. Mais toi, tu as été merveilleuse. Digne de Sarah Bernhardt. Et tu as l'avantage de ne pas boiter.

5 Jacob était à peu près sûr d'avoir assuré son baiser. Mais au moment où il rapprochait le corps menu d'Ernestine du sien, Dado entra dans la loge apparemment vide, un bouquet de fleurs des champs dans les bras. Elle s'assit devant la coiffeuse, posa les fleurs, ramassa machinalement les caoutchoucs 10 multicolores qu'on avait retirés des cheveux d'Ernestine et patienta.

Au-dessus de la coiffeuse était installé un miroir encadré d'une guirlande d'ampoules blanches. Dans ce miroir, Dado croisa brusquement le reflet de Marcel Mérindol qui venait 15 d'entrer et qui se balançait d'un pied sur l'autre dans son dos, l'air pataud.

Ernestine sentit le genou de Jacob toucher le sien à travers une crinoline. Ils étaient invisibles.

– Je passais voir si tout allait bien. Si les enfants avaient 20 besoin de quelque chose, dit Marcel Mérindol.

Dado eut un geste désolé qui voulait dire : de toute évidence, ils ne sont pas là.

– Et puisque je vous vois... je veux dire : je profite que vous soyez là, je voulais vous demander quelque chose, justement. 25 Il se tut un instant et repartit sur autre chose : Je suis content. Ils ont été bons ce soir.

– Excellents.

– Et tout se résout pacifiquement, finalement.

– Absolument. Vous vouliez me demander quelque chose ?

30 – Hein ? Ah, oui. Voilà. Je m'intéresse aux champignons.

Jacob pouffa mais l'amas de vêtements étouffa son rire et les adultes, occupés à se regarder en merlans frits, ne lui prêtèrent aucune attention.

---

6 **menu** petit, mince – 13 **une ampoule** Glühbirne – 16 **pataud** tollpatschig – 28 **se résoudre** trouver une solution – 28 **pacifiquement** → la paix (Frieden) – 32 **se regarder en merlans frits** *mpl* se regarder amoureusement, ce qui donne l'air idiot (**un merlan** Wittling)

– Sur un plan culinaire ? Les omelettes aux cèpes, par exemple ? s'enquit poliment Dado.

– Ah non non non. Enfin si, aussi. Mais je veux dire : scien-ti-fi-quement. C'est un domaine que j'ai trop longtemps négligé.

5 – C'est le cas de beaucoup de gens.

– Certainement. Mais j'ai réalisé récemment que je ne savais pas précisément différencier les levures des espèces filamenteuses. Intellectuellement, je vis ça... heu... comme une lacune.

10 Dado soupira. Si les Anciennes rabâchaient qu'il fallait se montrer timide face aux assauts des prétendants, c'est parce qu'elles n'avaient jamais rencontré l'homme occidental d'aujourd'hui, un être résolument empoté. Elle se lança :

– Le mieux, pour vous documenter, serait d'assister au 15 prochain congrès de mycologie qui se tient à Naples à la fin du mois. Je présenterai un diaporama en mesure de vous éclairer sur ces questions.

– Naples ! se gargarisa Marcel Mérindol. « C'est un hasard épatant. Figurez-vous que j'attendais d'être vraiment en 20 vacances pour partir dans les Pouilles. Mais j'y pense tout à coup : vous n'auriez pas quelques jours de vacances à prendre pour vous reposer de votre intervention au congrès ? Que diriez-vous d'un séjour à Lecce ?

Dado admit, résignée : mon bonhomme, tu as eu la partie un 25 peu facile.

Il s'approchait d'elle, ce mâle ragaillardi, un baiser collé sur ses lèvres entrouvertes, quand brusquement elle se souvint.

– Et votre récurrence herpétique ? C'est réglé, cette affaire ? Je ne suis pas immunisée contre le sérotype 1.

---

1 **culinaire** → la cuisine – 1 **un cèpe** Steinpilz – 9 **une lacune** Lücke – 11 **un prétendant** un homme qui essaie de séduire une femme – 13 **empoté** *fam ici :* ≠ sûr de lui – 18 **se gargariser** *ici :* dire joyeusement – 26 **ragaillardi** rendu soudain plus joyeux – 28 **une récurrence** le fait que qc se répète, revienne régulièrement – 28 **herpétique** → un herpès – 29 **un sérotype** *bio ici :* une bactérie, un virus

Marcel Mérindol remballa son baiser.

Ernestine arrêta de respirer. Une paume moite se glissa dans la sienne, et Jacob chuchota :

– Moi, je suis nickel question herpès. On y va ?

5   Ernestine écarta une housse, scruta le visage imberbe et poupin de Jacob, y colla le sien, ferma les yeux, et abandonna les adultes à leur nullité.

---

2 **la paume** l'intérieur de la main – 2 **moite** qui transpire – 5 **une °housse** *ici :* Kleiderhülle – 5 **imberbe** sur lequel ne pousse pas de barbe

Références

Desproges, Pierre, *Dictionnaire superflu à l'usage de l'élite et des bien nantis*, Le Seuil, 1997

Gaden, Henri, *Proverbes et maximes peuls et toucouleurs traduits, expliqués et annotés*, Institut d'ethnologie (Paris), 1931

Mwanba Cabakulu, *Dictionnaire des proverbes africains*, Marabout, 2003, avant-propos d'Ahmadou Kourouma.

Molière, *L'École des femmes*, 1662, Paris, théâtre du Palais-Royal.

Mon royaume des animaux, éditions Atlas, volumes 2, 11, 17, 26, 36.

Biographie des auteures

Sabine Panet et Pauline Penot se sont rencontrées au CE2, où elles organisaient des trafics de livres pour assouvir leur appétit insatiable de lecture. Elles connaissent très bien l'Afrique où elles ont vécu.

Sabine vit maintenant à Bruxelles, Pauline à Paris.

Elles ont déjà publié deux romans à l'École des Loisirs, toujours écrits à quatre mains.

Ma petite sœur s'appelle Prématurée, L'École des Loisirs, 2005.

Docteur Exacœur, L'École des Loisirs, 2003.

Le Cœur n'est pas un genou que l'on peut plier faisait partie de la sélection du Prix des lycéens allemands 2014 et a reçu en 2013 le Prix du salon du livre pour la jeunesse (Rueil-Malmaison).